JN220298

唐衣

池坊生花研究

四季の燕子花

監修——池坊専永

著————柴田英雄 池坊中央研修学院教授

序

華道家元四十五世

池坊専永

　池坊生花のうち、葉物（長葉物）の代表として燕子花（かきつばた）の四季おりおりの姿を、美しく生かす伝えがある。燕子花は一季咲きと四季咲きがあるようだが、いけばなでは、四季にわたっての自然・出生を丹念に観察し、葉組みをしてととのえていけるわけである。

　一般に燕子花といえば、盛りに初夏の優美な群生して咲く花の姿を想像するが、みごとな開花ばかりがいけばなではないことを、その葉の性情からとらえて、季節に応じて変化する様子を、あるときは初々しく、あるときはたおやかな姿に、また枯淡の域を生かすわけである。

　早春の頃の葉は、柔らかく扱いにくいものであるから、やむを得ず葉組みもせず生かす。そのうぶな若さをとらえるのである。季節のなかにじんわりと蒸し暑さが加わり、初夏になる頃、花は盛りを迎える。花と共に葉も勢いを増しのびやかである。この季節の花葉の情景は、多くの絵画に描かれ詩歌などでも詠まれてきている。

　秋風が水面（みなも）を渡り始め、空がいっそう高く青さを映す頃になると、燕子花の花や葉は、さらに豊かに変化を見せ、曲がりを多くし、哀しいまでの華やぎを黄ばんだ葉も加えて示してくれる。それも、この花の自然の姿なのである。

　霜が降り、小雪の舞う日々の訪れに、草木たちはすっかり葉を落とした裸の枝をさらし、池や沼、川べりには冬鳥の姿を見かける頃、燕子花は、黄ばんで枯れた葉やちぢみ葉のうちに、わずかに低く花を咲かせることがある。この、ただ一輪の花を「珍花（ちんか）」としていけるのである。

　燕子花、というただ一種の水辺の草物が、これほど豊かに季節をとらえ変化をみせる生命があることを、先達は長い歳月をかけて誠実に観察を重ね、生花のなかに生かしてきたのである。草木が、今日から明日へと、自然のなかで生命をつなぐ姿を生かすためには、いける者の心もまた、常に風雨に耐える強靱な精神力を養うことが肝要であろ

う。日々をつい駆け足で急ぎ、とりあえず何とかしておけばどうにかなる、と心のあり方まで急ぎ足になる私たちに、はやる気持ちを抑えてゆったり自然と向き合う大切さを、改めてこの花葉は教えてくれているのではないか、そう感じる。

　さらに、燕子花は日本の北と南では生育の状況も異なり、したがって生花としてのいけかたについても、各地で一家言を有する門弟方も多いかと想像する。本著では、柴田英雄師なりの、涼やかな、一花一葉の隅々までピンと張りつめた心配りをと願われて、二年近くをひたすらいけられた、その池坊燕子花への思いをくみ取っていただきたいと思っている。

　言うは易しいことではあるが、一種の花をただただあるべき姿をと求めていける行為は、それ自体が評価に値すると考えている。

唐衣
からごろも

柴田英雄　Hideo Shibata

みめうるわしき女に似し
心やさしき君なるは
水面に生きる故なるや
淡き浅黄の花衣
紫紺に匂う花影は
水に映りてほのかなり

春まだ浅き雪どけに
目覚めし君は初恋の
あわき夢みし乙女なり
秋深まりて草紅葉
枯葉にとどむ名残花
四季折り節をかげろうの
運めに生きる女なりき

うつろえば又咲きかわり
咲けば又うつろいかわる君なれど
明日ある花は君ならず
色は匂えど　散りぬるを
無常の風のたゆたいに
君は雅に香りけれ
いとしき女の面影を
永遠の心にとどむらん

はじめに

か　唐衣

き　きつつなれにし

つ　妻しあれば

ば　はるばるきぬる

た　旅をしぞ思ふ

　四季折節を粧い新たに咲きかわる花々、時を違えぬその不思議な生命の営み。それは畏敬にも似た驚きであり、神々の存在を信ぜずにはいられません。こうして花はあるときは畏敬者である神々への供花となり、またあるときはその美しさゆえに身に纏い己を装います。あるときはその感動が言の葉となり歌となります。万葉集にも花を題材としたものが多く見られます。そして平安の殿上人たちは好んで歌を詠みました。

　伊勢物語によれば、在原業平の朝臣、東下のおり三河の国八橋（愛知）にさしかかったとき、燕子花のいみじく美しきを見て上記の歌を詠みました。近習の者が業平にかきつばたの五文字を歌の頭に置いて歌をお詠みくださいとの依頼により、即興で詠んだ歌です。以後三河の国八橋は燕子花の名所となり、その名も高くなりました。くしくも現在私の居住しているところからほど遠くないところです。

　浅緑の葉に包まれて、濃い紫色をした燕子花の花は、華やぎのなかにしっとりとした落ち着きがあり、まさに雅そのものです。しかも四季春夏秋冬を通じて咲き、それぞれ季にしたがって異なる情趣を呈し、味わっても味わい尽くせぬ美しさがあります。先人も燕子花と対峙し、名作を残されています。専定の「燕子花三十瓶図」をはじめ、「花心粧」、「華かゞ美　四季の燕子花巻」などがそれです。

　到底及ぶところではありませんが、私なりの作品を制作し、この道に生きたささやかな証しとして題名も『唐衣』で出版させていただくことになりました。つたない本ではありますが、少しでも皆様のお役に立てばこれに秀る喜びはございません。

柴田英雄

目次

私の燕子花文化史

柴田英雄

１　伝統文化の重要性

●1──物質文明の時代をふりかえって

　産業革命を発端に、物質文明の驚異的な発展は、人類の生活をより豊かで、便利なものにしました。空を鳥のように自由に飛びたいという願望も飛行機の発明により実現し、月に行ってみたいという願いもロケットの発明により実現しました。今や宇宙空間での生活も夢ではなくなりつつあります。

　科学技術や経済的な発展には目をみはるものがありますが、その反面凶悪犯罪の多発化や、無意味な戦闘が繰り広げられ、しかも新兵器の開発が大量殺戮や人類の破滅をも引き起こしかねない状況下にあります。身近には家庭崩壊や学校崩壊が進行しつつあります。

　また人類の生活をより豊かで快適なものとするべき開発が環境を汚染し、破壊へと逆行してしまう現実があります。二酸化炭素の増加や地球温暖化、並びに砂漠化の問題、人口増加にともなう水不足の問題等々、解決しなければならない問題は山積しています。こうした問題を引き起こした要因は何であったのでしょうか？　人間中心主義が人間自身の崩壊、精神的危機を生んでしまったのではないでしょうか。

産業革命時のイギリス
18世紀後半、蒸気機関の発明を機に、工場が目立ち始めます。

土星・リングおよび三つの衛星
土星に行くのも夢ではありません。

いまの学校風景
少子化の影響から、子どもたちも豊か、校舎も立派です。されど、心の教育は……？

東南アジアの市場に集まる子どもたち。

五十〜六十年前の日本
（京都）

祇園祭ものどかでした。

京都タワーから見るいまの日本（京都）

●2──心の原風景とは

　私は数年前、ミャンマー、ラオスの旅をしたことがあります。ラオスのホテルでは鶏の声で目覚めたりもしました。六十年前の子どもの頃の田舎での暮らしを思い出させました。ラオスはちょうど六十年前の日本の生活と同じ水準でした。貧困で食糧事情もひどいものでした。六十年遅れているのです。しかし不思議と子どもたちの目は輝いていました。あまり見ることもない異邦人への興味か、見るもの、聞くものが常に新鮮に映っていたのです。目は心の窓といいます。きっと心が澄みわたっていたからでしょう。本来人間は常に晴れやかな感動と物事への関心に満ちあふれたものでなくてはならないと思います。物質的には豊かではないが、心が豊かであるからなのだと思いました。

　六十年前の日本も今のようなギスギスした暮らしではなく、どこか情緒があったと思います。「清貧に甘んぜよ」などと聖者みたいなことをいうつもりはありませんが、物質も豊かでありたいと願うことと同じくらい心も豊かであってほしいと思います。現実は経済的価値観によって営まれますが、暮らしの底流を流れる精神的な基盤は美しいものに感動し、人間の本能にも等しい、物を造る喜びによってつちかわれているのだと思います。

　科学技術や経済的発展も重要な課題ではありますが、飽くなき利益の追求はギスギスした人間関係や社会環境をつくり出し、安らぎとうるおいを奪うことになります。価値観の転換によって豊かな心と安らぎの生活をとり戻すことができるのではないでしょうか。

●3──自然が育んだ伝統文化

　人間本来のあり方の原点に立って、自然と融合した、自然との一体感のなかで暮らす、自然にやさしい環境作りが必要であります。それはまた日本が伝統的に保持してきた一体的自然観を柱とした伝統文化の特質や考え方でもあります。

　こうした日本文化を見つめ直し、日本文化も捨てたものではないことを若者たちに理解してほしいと思います。教育改革の声がかまびすしいとき、科学技術や社会科学偏重教育のかげに日本の伝統文化が押し流され、やさしく、柔軟で繊細にして鋭敏な感性を失うことのないようにしていただきたいと思います。明日の未来のために、教育現場に、科学技術や社会科学と共に日本の伝統文化振興の項目を、ぜひ掲げていただきたいものです。

② 西洋文化と日本文化

●1──アメリカ中心の二十世紀

　和辻哲郎博士の説によれば、世界の文化を気候風土によって分けると、東アジアを中心とするモンスーン地方、中央アジアを中心とする砂漠地方、そして西アジアを含む西欧地方と三つに分けられるといいます。さらに大別すれば、西洋と東洋に分けられます。西洋は草原文化であり、牧畜文化であり、小麦文化です。それに対し、東洋は森林文化であり、農耕文化であり、米文化です。西洋の文化思想は神が人間を創り、すべてのものは人間のために神が創られたと考えました。したがって人間が自

一遍上人絵伝（巻五）（部分）　歓喜光寺蔵
鎌倉時代の頃の自然と共存する庶民の風景。

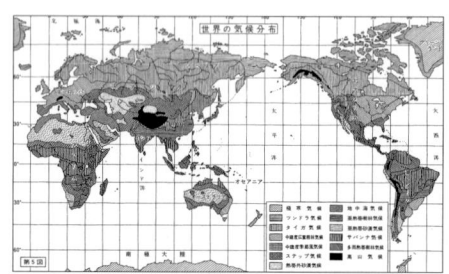

世界気候分布図

日本の田植え
いまでは機械が田植えをし、このような
風景も少なくなりました。

合理主義のシンボル、ニューヨークの高
層ビル。

石油化学工場の煙
科学の発展が、自然を破壊することにもなります。

田植図（部分）　彭城百川筆　東京国立博物館
農民にとって田植えは共同作業でした。

蒙古襲来絵詞（部分）　御物
鎌倉武士団は、以後続く武士道の始まりでもあります。

然を支配し、冷徹な眼で自然を見つめ、科学的に分析し解体して利用できるものは極力活用するという西洋文化、そこから導き出される極端な合理主義がアメリカを中心に、今や全世界へと広がっています。

たしかにこうした西洋文明は便利で快適な近代的生活をもたらしました。その反面、地球温暖化をまねき、大気汚染、二酸化炭素を増やし、砂漠化をまねく、いわゆる環境破壊がなされてしまったのです。もう一つは人間中心主義や個人の尊重がややもすれば自己中心的となり、己自身すら崩壊に導き、精神的ダメージを招いてしまったのです。犯罪の多発化、労働意欲の欠如、青少年の非行化等々未来への希望が失われようとしています。

●2──武士の精神と集団志向

東洋の思想は、人間が自然を支配するのではなく、人間も自然の一部であり、自然の法にのっとって自然と共に一体となって生きる文明ということができます。人間にしても個人中心というより集団中心となります。これは農耕民族であり、米作文化であれば必然的に多くの共同体としての力が必要となり、集団中心とならざるを得なかったからだと思います。集団ともなれば自己中心的ではいられないし、集団としてのルール、他をおもんばかり、自然の恵みに感謝し、人を含む自然全体としてのルールに従って生活することが要求されるのです。

日本の集団性について興味深い話を聞きました。沖縄戦に参加したアメリカ人のドナルド・キーン氏は日本兵の捕虜の事情聴取をしていたとき、どの兵士も捕囚とし

ての辱めを受けるより死を選ぶと言ったといいます。ド
ナルド・キーン氏は、国のために死ぬより、生きて国の
ためになるように何度も説得したといいます。自分一人
が生き残るのは戦友に対しての裏切り行為であり、潔し
としない。故国の人に自分が補囚であることが知れたら
家族がどんな仕打ちを受けるかそればかりを心配してい
たといいます。ドナルド・キーン氏は、日本人とは何か、
こうした考え方がどうしても解らないといいます。それ
は日本文化の根底に大なり小なり武士道が流れているか
らで、卑怯、未練をきらう風潮があるからだと思います。
また集団の代表としての兵士であり、集団が自分をどう
思うか、どう思われるか、いわゆる人目をはばかる「恥
の文化」であるからです。集団としての一員であること
をよく裏付けています。また、旅行なども集団で行動す
ることが多いし、企業のシステムもより集団的です。

　また、沖縄戦に参加した一人であるジャーナリストの
ギブニー氏は、日本人は誤った方向、自分の納得のいか
ない方向に向かっても誰も文句を言わない。誰もブレー
キをかける人がいない社会であり、それは戦中戦後もま
ったく変わらないといいます。戦後の復興も、高度成長
期も、バブルの崩壊時も、その体質は変わっていないと
指摘しています。たしかに思いあたる節もあります。悪
しきは正さなければなりませんが、戦後半世紀がたち日
本も大きく変わったと思います。勤勉で礼節の高かった
国民性はどこに行ってしまったかと首をかしげる出来事
があまりにも多い。明治期の近代国家への脱皮は、和魂
洋才をスローガンになされました。これは明治期の特殊

修学旅行
修学旅行は日本ならではの習慣でしょうか。

湖山小景図（部分）　松谿筆　重文
水墨画もまた、中国大陸からとり入れ
られた異文化の一つです。

和室と洋室が隣り合わせの住宅

中国から来た漢字を、日本人は持ち前の器用さで「日本語」として「万葉仮名」としました。平安時代に入ると、女性が「かな文字」という固有の文字を創り出し、やがて漢字かなまじりの独自な文化が開花。土佐日記は、「男もすなる」文字を用いて「女もしてみんとて」かな文字で書かれました。

中国語（漢語）
喪乱帖（部分）　王羲之筆　宮内庁

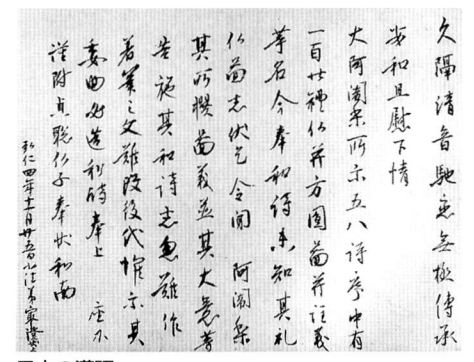

日本の漢語
久隔帖（部分）　最澄筆　重文

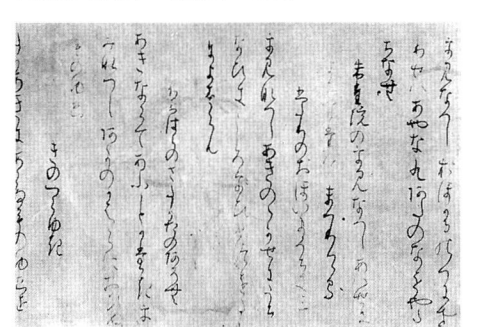

古今和歌集　関戸本（部分）　伝藤原行成筆　重文
かな文字の発明は、日本固有の文化を生みました。

性によるものではなく、常に日本が異文化を受け入れるときの変わらぬパターンです。常に根底には日本の固有性を温存しながら異文化を受容し融合させ、日本化を図るというやり方です。戦後半世紀、第二の敗戦の声も高い。日本の伝統的な心、魂の消滅です。新しい二十一世紀を迎えた今、日本固有の心、あるいは文化を大切にしながら平和で安定した社会の実現に向かって大きく一歩を踏み出さなければならないと思います。

3　日本文化の固有性

●1──大らかな模倣〜言語〜

　日本文化の特色は、一口でいえば受容形文化ということができます。日本文化の形成が外来文化の摂取と日本化という形態をとりつつ進展をとげてきました。その受容の仕方に大きな特色があります。受容した外来文化の徹底した模倣を長い年月をかけて柔らかにもみほぐし、摂取したあと、模倣を越えた新しい文化をつくり出し、さらに豊かにするという方法です。また受容の際、さまざまな流れを多様なまますべての流れを受容し、多様性の共存、並列という形態をとり、その時々の生活の場にうまくとり入れていったのです。そのよい例が言語です。

　漢字は中国から伝来したものです。言葉は漢字伝来以前にも日本に存在しましたが、表記文字というものをもっていなかった日本は漢字、漢文を徹底的に年月をかけて模倣化をしました。そして漢字、漢文に習熟すればするほど、漢文では日本人がものを経験したり考えたりし

たことを十分に表現できないことを知り、訓読がなされ、仮名を生む結果となりました。『古事記』は日本古来の言葉を異国文字を用いて書きしるした、きわめて異例な、きわめて貴重なものです。日本古来の口承されてきた言葉を書きとめておかなければ、古語によって伝えられてきた日本人の経験の仕方や、ものの考え方が失われてしまうからこそ、『古事記』に書きとめられたものと思われます。固有語の喪失は固有の経験や思想の喪失となり、ひいては固有文化の喪失につながるからです。

平仮名の発明は、こののち平安文学の花を咲かせることとなります。このように言語に限らず、外来文化に対する日本文化の関わり方は、異文化の徹底した模倣が固有文化の否定につながらずに、固有性はあくまで温存しながら外来文化を自国文化のなかに吸収し、そこから新しい文化を生み、固有文化のさらなる豊かさを生んできました。仏教の伝来についても同様のことがいえます。

●2——大らかな模倣〜宗教〜

仏教はインドに誕生し、近隣諸国に広がり、他国の多くが仏教の一つの流れだけをとり入れたのに対して、日本では空海の真言、最澄の天台をはじめとして仏教のあらゆる流れを受け入れ、法然、親鸞による浄土、道元による禅、日蓮による法華と多種を極めました。また平安鎌倉期の仏教には日本独自の展開をみせ、大乗仏教のさらなる進化が遂げられていったのです。近代欧米文化の流入にともない、急速にキリスト教が普及しました。

こうした新しい宗教も、既成宗教を排斥することなく

釈迦誕生図（部分）　円通寺
お釈迦様はインドのヒマラヤ南麓カピラ城の浄飯王の子で、母はマーヤー。姓はゴータマ、名はシッダールタ。生没年他は諸説あり。29歳のとき菩提樹の下で悟りを開いたといわれています。4月8日が誕生日とされ「花まつり」が行われます。

聖徳太子像　御物
奈良時代の作と伝えられています。聖徳太子は6世紀末、推古帝の摂政となり、小野妹子など遣隋使を派遣。仏教信仰に厚い人物といわれています。

ザビエル像
フランシスコ・ザビエルは1543年の鉄砲伝来の後、キリスト教の布教を始めます。信長はこれを優遇しましたが、秀吉になって禁教令が出されます。

和洋折衷の結婚式

鳥獣人物戯画　甲巻（部分）　国宝　高山寺
ユーモラスな動物の表情は、漫画の原型ともいわれます。

併存し、自分の気持ちに合ったものを選び、一つの宗教に固執するのではなく、生活の場に応じ多様に変化させながら暮らしのなかにとり入れていったのです。よい例が、クリスマスや結婚式にはキリスト教、初詣は神道、寂滅のときは仏教という具合です。こうした態度は宗教心をもたない民族とみなされ、理解ができない不思議な民族だと異国の人々のそしりを受けますが、信仰心の厚いとされるキリスト教やイスラム教をはじめ、多元的価値観を許容しない宗教は己の宗教こそ絶対的であると主張するあまり、本来人を救済すべき宗教が、宗教戦争という殺戮を引き起こす結果となります。日本では、まずこのような宗教戦争は起こらないと思います。日本のもつ曖昧性、出鱈目性、よくいえば寛大性からはとうてい考えられないからです。こうした多様な思想を許容し、併存させ続ける実に大らかな国民性、もしくは他をも許し己も生きる、日本文化の固有性を誇りにすら思うのです。

　いけばなにも多くの流れがあります。立花、生花における正風体と新風体、自由花における幾多の主義主張、さらには池坊の伝統をふまえながらも個性の発露による種々の流れをも許容し、さらなる進展を遂げていくことこそ大切であり、日本文化の固有性に沿うものであると思います。

４　日本文化と自然

●1——日本の海の幸・山の幸

　日本のおかれた気候風土は、温暖にして湿潤なやさし

い自然です。豊かな実りをもたらし、山の幸、海の幸に恵まれた国土であり、再生可能な自然でした。自然にさからうことなく、その懐に抱かれて生活していけばよかったのです。換言すれば自然依存型、いや同化型、一体型というべきです。人間を自然と対立的な関係にせず、自然の一部であるとする自然観です。素晴らしい自然に恵まれたがゆえに、自然に従ってさえいれば間違いないという信念を基盤に成り立っています。こちらを無にし、受け身に徹しなければ自然はその真の姿を現してはくれません。これが自然に限らず人間でも文化でもおよそ日本人が何かと出会い、それと交わりをもつときの受け身の姿勢をとるもととなっています。

　己を無にするとは換言すれば無私ということであり、模倣は無私の典型であり、それがまた独創の母ともなるのです。その模倣の原点というか対象は自然そのものであり、自然の法則でした。草木の実が落ち、やがて芽生える。この模倣が農耕の始まりであったのではないでしょうか。

●2──歪みの文化

　また、日本文化は歪（ゆが）みの文化であるともいわれます。他国の人から見れば歪形としか思えない茶碗を好むのも、自然との交流が源となっていると考えられます。自然の美しさは、草木のどの部分をとっても一つとして同じ枝ぶりや同じ葉形はありません。そしてどこか屈曲があり、歪みがあり、無限に多様で奥深いものがあります。自然の自然らしさが規範となって生まれた美意識です。また

いけばなや能などと共に、室町時代に花開いた伝統芸能の茶の世界では、わびさびを、その道具でも表します。

志野茶碗　銘卯花墻　国宝　三井文庫
桃山時代に美濃付近で焼かれた白い陶器を志野焼といいます。美濃焼の一種。簡素で、素朴な味わいがあります。手作りならではの歪みが好まれます。

乾燥し、からりと明るい西欧の庭園に対して、わびさびを文化とする日本の古社寺では、湿潤さを利用し、苔むす風景がとり入れられます。京都西芳寺（苔寺）はとくに有名。

二代池坊専好立花名作集（日本華道社刊）より複写
転載

この美意識は、自然が瞬間的に示す唯一無二の美から共通性を学び洗練化と象徴化がなされ、多様化と歪みの文化を生み出しました。日本では、造られたものが苔むしたほど尊ばれるのは、単に年代が経ったがゆえにではなく、人間によって造り出される人間くささを、古さや、苔が覆い、人間の造ったものがより自然化され、風化されて自然物に近くなるからです。日本文化の根底をなすものは自然を規範とする美意識がここまで徹底しているからにほかならないからです。これがとりもなおさず受容形文化を生み、多様な価値観を許容する文化を生む要因となったのです。なぜなら自然は無限に多様であり、自然はすべてを受け入れてくれるからです。

●3——二代専好、芭蕉に見る自然観

　二代専好の花論にも自然の規範に基づき制作することの重要性が述べられています。「我が心に草木を従えるとき巧に貪着する故に出生の景気得がたし、我が心を草木にまかせて念慮なく、縦てに生ずるは縦て、横に生ずるは横にさすれば出生の躰あらわなるべし」と草木自然の姿を尊重し、技巧にのみはしることをいましめています。

　芭蕉の「笈の小文」の有名な文章に、
「西行の和歌における、宗祇の連歌における、雪舟の絵における、利休が茶における、其貫道する物は一なり。しかも風雅におけるもの、造化にしたがひて四時を友とす。見る処花にあらずといふ事なし。おもふ所月にあらずといふ事なし。像花（かたち）にあらざる時は夷狄（いてき）にひとし。心

松尾芭蕉像　森川許六筆
ひょうひょうとして自然と共に生きた俳聖。「笈の小文」は、芭蕉の俳諧紀行で、尾張から伊賀、伊勢、明石に至ります。1690〜1691年頃の作品。

花にあらざる時は鳥獣に類す。夷狄を出、鳥獣を離れて、造化にしたがひ、造化にかへれとなり」

　と、造化とは自然と同義であり、四季折節の変化に魅惑され、天地自然の運行に従い、摂理に従い、常に晴れやかな活力に満ちた心で物事にあたり、その時々の感動を言葉に、あるいは絵筆に託し、鋏に託して詩い上げることが大切であるということになると思います。

⑤　いけばなの美意識と無常観

●1──「うつろい」のとらえ方～インド～

　仏教思想の根幹にある「すべてのものはうつろい変わる」という無常観。しかしこの「滅びゆくもの」への視点は、仏教発祥の地であるインドと日本では大きく異なっているといいます。インドの寺院では日本のお寺で聞くような読経の音律や声明や御詠歌の旋律はなく、まことに陽気で明るい、騒々しい、活力に満ちた、ロックかジャズのようであったと聞きました。我々日本人には想像できない現実ですが、よくよく仏典を研究してみると、その秘密が解読できるということです。「人々よ、すべてのものはうつろい変わる。己の生に精進せよ」と仏陀はいいます。物事の真理、人間の存在の意味について実に明晰な認識であり、うつろい変わるということは苦悩ではあるが、その苦悩の底を見つめ、みずからの在り方で明るさを見いだし、豊かな人生を送れと説いています。冷徹な眼で知性的かつ客観的にとらえています。それはどうしようもない現実であり、あたりまえのことなのだ

東南アジアの華やかな色彩を施した寺院。

大原御幸図屏風（部分）
平清盛の娘で安徳天皇の母、建礼門院は、壇ノ浦の合戦で破れ、大原に隠棲します。

と割り切っています。したがって明るく、活力にあふれた旋律となるのです。

●2──「うつろい」のとらえ方～日本～

これに対し、日本の無常観は「祇園精舎の鐘の声、諸行無常の響あり」で始まる『平家物語』に代表される哀感をともないます。栄華を誇った平家一門が、時代の波に洗われ海のもくずと消えていった、その滅びゆく人々に対する無限の同情と共感の涙が注がれたのです。悲しみの無常観に身をひたすことで得られる魂の安らぎであり、無常を情感的に受けとめ、さらに己の身を重ねることによってわかち合える涙の共感です。知的、客観的でなく情感的、主観でとらえるからこそ、それが哀感をともなう旋律、声明や御詠歌となるのです。この日本の無常観は仏教の強い影響を受けていることも事実ではありますが、それ以前に本質的にそなえもっていた体質です。四季の移りに生々流転の相を見、恒久的でない木造の家に住み、無意識のうちにもののうつろいを体感せざるを得ない環境下に身をさらすことになっています。

●3──無常という情感

そこから導き出される常住ならざる無常を情感的にとらえる体質が日本の体質であり、無常にかかわる情感が日本の美感を育てたともいえるのです。生々流転の相を情で受けとめることによって生まれる、無限の同情と共感の涙を生むことになったのです。

天文十一（1542）年、池坊専応はその口伝のなかに

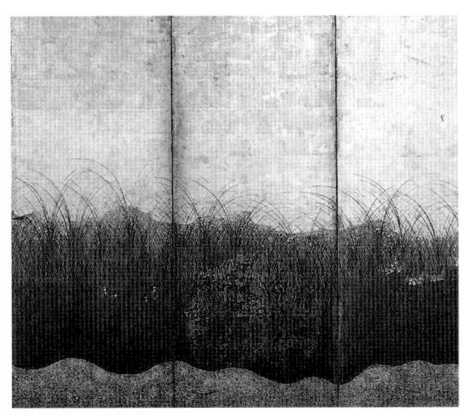

武蔵野図（部分）
武蔵野は関東平野の一部で、雑木林など、かつてのこの地の自然を残しています。国木田独歩の「武蔵野」は有名。いまも武蔵野は東京のオアシスです。

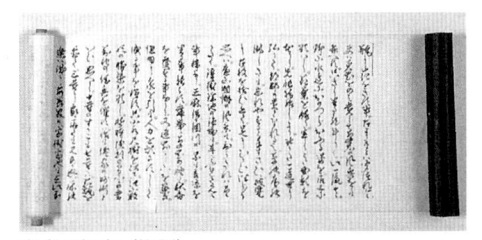

専応口伝書（複製）
池坊いけばなの祖ともいわれる二十八世池坊専応が、天文十一（1542）年に相伝した花伝書の一文。その序がいまのいけばなの精神となっています。

「そもそもこれをもてあそぶ人、草木をみて心をのべ春秋のあわれを思い、一旦の興をもよほすのみにあらず。飛花落葉の風の前にかかる悟りの種をうることもや侍らん」

と述べています。春秋のあわれと、飛花落葉のなかに無常という真実を見きわめ、悟道に目覚めよというのです。花を挿し、歌を詠みながら「行く春」「行く秋」を知覚し、盛期にあって死期を、花の盛りに凋落を見る感覚を養ったのです。それは季節の変化という自然の動性の奥にさらに隠された虚無の相を見抜く眼です。飛花落葉すべてのものが、そして我々自身がこの虚無の相を背負って存在しているのです。

心敬もまたいう、

「心持ち肝要にて候。常に飛花落葉を見ても、草木の露をながめても、此の世の夢まぼろしの心を思ひとり、ふるまひをやさしく、幽玄に心をとめよ」

と、この世を夢まぼろしと見る心は日本の伝統文化が常にその奥底にもち続けてきたもので、こうした無常観や虚無感は仏教などの影響によるもののみならず、日本文化が移りゆく自然との交感を通して形成された理念であったと思われます。

●4──瞬時の美・いけばな

特にいけばなの命はもろく、はかないものです。今朝ほどいけた蕾（莟）は開花となり、開花は萎えしぼみ、いけたときの調和も瞬時に崩れ去ってしまいます。刻々と移りゆく命の推移を間近に体感するものです。しかし

椿は、花がそのままポトリと落ちることから、武士の社会では縁起が悪いとされ、祝いの席などではいけられませんでした。いけばなでは、冬の数少ない花の咲く木です。

《椿三態》

つぼみ

開花
寒い間は葉隠れに、少し暖かくなると花は光に向かいます。

落花
一面の椿が散り敷く風情は、紅葉とはまた異なり、華やかです。

奥の細道図屏風（部分）　与謝蕪村筆
重文　山形美術館
芭蕉の枯淡、蕪村の華やぎ、それぞ
れが自らの境地でしょうか。

松（崖に風を受けて立つ）

竹林（どこまでも、まっすぐに）
節目ごとに伸びる姿を尊びます。

「松竹梅」は新春に欠かせぬ花材です。「竹の秋」と
いって晩春に葉が落ちます。

美しいものは永く続くから美しいのではなく、瞬間的に過ぎゆくから美しいのであり、永く感動が続き、心の昂揚が持続する場合もありますが、多くは「美しい」と感じ忘我の境地に立つのは瞬間的である場合が多いように思われます。いけばなの美はこうしたはかなさがゆえにかえって命の尊さや重さを味わっていこうとする道であり、常に生命の源泉に立って晴れやかな創造性に生きる道なのです。二度と繰り返すことのできない人生です。己の生に精進し、己の人生を全うすることです。日々の生活のなかで真に心を昂めてくれるもの（感動）に心を澄ませ、「好き」なものに完全に一体化し、我を忘れる純粋性に集中していくことが大切だと思います。平たくいえば己の信じる美意識に徹していけることだと思います。利害関係のない無心な心で澄みわたる心の状態に保てば、美しいものがあるから美しいのではなく、見るもの聞くものすべてのものに感動はわき上がるものだと思います。その感動を素直に表現することが、己の生を全うするということになると思います。

6　いけばなの美意識と無私

●1──私意を離れる〜無心〜

　日本芸道のあり方として、己を捨てよ。私意、我情からの離脱が肝要であり、必須条件です。芭蕉の芸術論としての赤雙子に、
「松の事は松に習へ。竹の事は竹に習へと師の詞のありしも私意をはなれよという事なり。……習へといふはそ

の物に入りてその微の顕れて情感ずるや句と成る所なり。
たとへ物あらはにいひ出てもその物より自然に出づる情
あらざれば、物と我と二つになりてその情誠に至らず、
私意のなす作為なり」

　と述べ、私意を離れよ。ものの本質に触れることによ
って作者の感動が生起し、句の実体となる。そのものか
ら自然と誘発された感動であることの必要性が説かれて
います。もう少し詳しくいいますと、私意を離れよとは、
我を忘れ、物事に没頭することであり、無我夢中とか無
心となることです。私たちが美しいものに魅せられ、眺
めているときを考えてみますと「なんて美しいのだろう」
と感心している瞬間はそのものと一体となっているとき
であり、決して自分を意識していません。そのものに深
く沈潜し、一体となったときに、自然と喚起される情感
をそのまま言葉にすれば俳句や短歌となるし、草木を用
いて花瓶にその感動を展開すれば、いけばなとなります。
　芭蕉の句に、
　　　よく見れば薺（なづな）花咲く垣根かな
という句があります。ふだん見慣れた風景のなかにも
「おやこんなところにこんな命が宿っていたのか」と気
づくことがあります。大きな宇宙の流れを見たときの感
動、こうした自然観照的な姿勢を芭蕉は「ものの見えた
る光いまだ心に消えざるうちに言いとむべし」といって
います。俳句もいけばなも同じです。活気に満ちた、澄
んだ気持ちで一日一日を無心に暮らすことによって幾多
の感動を得ることができるのです。「見る処花にあらず
といふ事なし、おもふ所月にあらずといふ事なし」とい

路上に咲くたんぽぽ
アスファルトのわずかな土からも、春の花が咲きま
す。最近は、在来の日本種が少なくなり、これも力
強い西洋たんぽぽでしょうか。なずなはアブラナ科
の雑草で、春、黄色い花をつけます。ペンペン草と
もいいいます。

無心に遊ぶ子どもたち
幼な子の姿には、いつも目を洗われる
驚きがあります。

池坊専好立花九十三瓶図　重文（日本華道社刊より複写転載）

立花の名人と称された、三十二世池坊専好が寛永五年から寛永十二年の間に御所を中心として公家邸などに立てた立花が九十三瓶残されています。これはそのうちの七十二図、松真の伸びやかな作風がみごとです。

うわけです。こうした無心の状態を保つことが大切であるということです。無心とは美しさに感動し、心は激しく揺れ動き、活発に活動しながら自分自身の体の外に出ていってしまって自由になっている状態のことです。西行の歌に「吉野山梢の花を見し日より心は身にもそはずなりにき」心が自分の体の外に出ていってしまったという、この状態と同じ状態を無心というのです。

●2──私意の離脱〜無私〜

　言葉を変えれば無私ということにもなります。池坊二代専好も無私の芸術論をとなえています。「立華、生花ともにかねて巧みおき候ぶんにてその草木に向いてそれぞれの位おもわきまえず、我情にのみ合わせ立て候らえば、皆、自然の理にたがひ、誠の面影はあるまじきなり。ただその時にのぞみて、それぞれの草木の性を勘へ、あるいは枝振り、葉の付け様に、心を付けて、それによりて、さのみためかがむる事もなく、その草木の枝葉つり合を見て、その草木に随ふ心にて、我私なきやうにと心得へべきこと肝要なり。この心にて立て候へば百瓶いけてもそれぞれに面影は替りて、我私なければ巧もなくまた猥（さわ）りもなく、やすらかに見えて、華に定まりたる我手くせもなく、おのづから真如の理にかなふと云へり」このように芭蕉にしろ、専好にせよ、日本芸道の共通の理念は私意の離脱ということです。確固たる自我の確立による自我主張でなく、こちらを無にして受け身に徹してこそ自然は真の姿を現すものです。これは自然に限らず人間でも文化でも、ものに接するときの日本人が何かに

出会い交を結ぶときの受け身の姿勢の原形です。我々の身体すら自然の一部で、しかも最も身近な自然ということができます。芸事でも仕事でも、熟練した人とは何かの技術を身体化し得た人たちです。

●3──柳宗悦と他力

柳宗悦はいう。朝鮮の名もない陶工が、その日その日の暮らしを得るために何百何千もの茶碗を造る。彼らは名作を生もうという野心もなく、己の作品としての記名すらももたない。己の作品であることの自己主張もなく、ただひたすら造るのです。くる日もくる日も同じ作業をし無心に造るのです。おびただしい数を無心に造ることによって技術は身体化され、かくして名作は生まれるのです。邪心がなく、無心なるがゆえに清らかであり、繰り返されることによって技術は洗練化されます。高い教育もなく、きわだった能力があるわけでもありません。すべてを対象に身をゆだね、一体化することによって生まれる名作の秘密がここに隠されているのです。「信心もなし、又疑いも無し、唯南無阿弥陀佛」すべてをゆだねる他力の美がここにあるというのです。初めて仏教美学である他力による名碗誕生の秘密を解きあかしたのです。自力の道は天才の道であり、苦難の道であり、解脱に到達した人は少ない。他力の道は凡夫の道です。誰でも到達できる道です。ただすべてを預け、無私であればよいのです。今までなぜあのような名作ができるのか謎につつまれていました。それを仏教美学によって柳宗悦は解きあかしたのです。このように日本文化の根底には、

柳宗悦（1889〜1961）
日本民芸運動の先駆者といわれます。東京生まれ。のち京都に住み、河井寛次郎らと「民芸」を首唱。

職人尽絵（機織師）狩野吉信筆　喜多院蔵
伝統文化を支えたのは無名の職人でしょうか。

親鸞像　専阿弥筆　西本願寺
浄土真宗の開祖。仏教を庶民のものとして広めました。六角堂への百日加行で悟りを開いたとか。

池坊専永宗匠の作品（生花新風体）

京都市・中京郵便局（明治35年）
京都市中京区三条通には、明治の
洋館がアンティークな風景を見せ
ます。

無私の理念が深く流れています。いけばなの花論のなか
にも、また制作の方法論のなかにも深く宿っています。
二代専好の花論にも見られる無私の姿勢で自然（草木）
に対峙（たいじ）して、物の本質に触れ、そこから誘発される作者
の感動を、身体化された技術でもって洗練化がなされ、
汚れなき清らかなる心の表現につとめることが大切なの
ではないでしょうか。当代四十五世池坊専永宗匠も、「つ
ねづね形を造る以前の心の動きこそいけばなの始まりで
ある」とも「造られた美しさより自然の美しさをと考え
ている。この時の自然は外界としての自然ではなく、自
らあふれ出ずるものである」と述べられています。同様
のお考えによるものと拝察します。

７　いけばなの美意識と相反の合一

　日本文化は外来文化を横糸に、日本古来の文化を縦糸
に織りなされてきました。日本古来の文化と異文化は、
二者択一という形式でなく、併存、併立させながら相反
する物事に対しても互いに損なうことなく、それぞれが
補損しながら、通い合いながら文化を築いてきたのです。
西洋ではよく「何々であって、何々でしかない」という
自己中心的で自己閉塞的なあり方をとる場合が多いのに
対し、日本の場合は「何々であると同時に何々である」
とか「何々であり且つ何々である」などの対立するもの
をも合一させる、一見矛盾するようで実はそうした境地
が厳然として存在します。また、そうした境地こそ芸域
として高い境地であると思います。「小さくて大きい」

「繊細にして大胆」「添って離れる」「動いていて静」「美しく汚れる」「偶然の必然」「未完の完成」「寄せて寄らざる」等々相反する対立的なものが不思議と通い合い合一される世界があり、日本芸道の味わいに深まりを加えています。いや芸はこの相反の合一こそ大切な要素なのです。富春軒仙溪（ふしゅんけんせんけい）は「立華時勢粧（りっかいまようすがた）」のなかで次のように述べています。「長短高下の定法を離れ。請なふして請をあしらひ。副なふして副をもたせ。六つの枝、有かと思へばなく。なきかと思へば忽然と有て。一枝も欠ける事なく。出生に背かず。法度をもれず。花形圓満にしてしかも意気有発生有艶有色有るを、草の花形といふ。是格を離れて格にあひ。習を捨てて習にかなふ手段なり」畢竟（ひっきょう）いけばなの美もこうした境地に立って制作されることが望ましいのであって、この相反合一の理念は日本文化の全般に見られる特質です。

8　生花構成の論理

●1——陰陽和合

　生成発展する草木の姿は、まず双葉が発生し、さらに双葉（陰陽）の中央に次なる芽が出、発展します。この反復拡大が大樹となります。したがってこの三つは草木の生成発展の初原的形姿であり、根源です。これを真副体、あるいは天地人と呼びます。もう少しくわしく説明しますと、この世にあるすべての現象は一つの根源があって、これが現れて二つの力となり、この二つの力の結びつきによって生まれると考えられています。その一つ

立華時勢粧から万年青前置の立花（複写転載）
立華時勢粧は、富春軒仙溪の著作で作品のある三冊と、草木の扱い方心得、立花技術論などを述べた立花秘傳抄五冊の八冊から成るもの。きわめて装飾的な独自な作品集（1688年）。
富春軒仙溪は、桑原専慶、専慶流の祖といわれる。1684〜1704年頃の立華師。

《陰陽あれこれ》

太陽（陽）　　　　　　　月（陰）

男雛と女雛（京都と他地域では異なります）

草木の芽ばえは陰陽の双葉から。

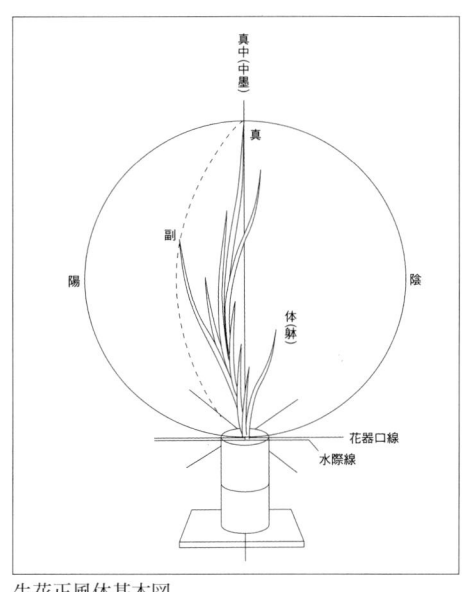
生花正風体基本図

を陰と呼び、もう一つを陽と呼びます。この二つの力陰陽は、互いに相反関係にあり、陰極まって陽に転じ、陽極まって陰に転じます。すべての現象はこうした変転によって生動します。また相反のものがあってこそ物事の存在が把握されます。明（昼）があって暗（夜）が確認でき、大があって小が確認されます。男があって女が確認できます。陽があって陰が把握され、陰があって陽が確認されることになります。生死もまたしかりです。陰の陽転が生であり、陽の陰転が死です。こうして繰り返される陰陽の変転のなかに生命の旋律があり、営みの盛衰があります。草木の芽ばえは、まず陰陽の双葉より生じます。この芽ばえがさらなる発展をするためには、第三枝としての素志が現れなくてはなりません。これをいけばなを構成する枝に表しますと、一つの枝は高く伸びて天の影響を示し、一枝は低く地の影響を示します。その真中にあって、ひときわ高く伸び出るのが人の理想に至ろうとする人意であり、物事の真実です。草木生成発展の相を借りて人間の真実を求めようとするのが、日本のいけばなです。

　これが天（副）、地（体）、人（真）に配される生花構成の骨子となります。また、この三つの枝はそれぞれ大小、軽重、強弱、遅速の差をもち、常に変化をもち、光を求めて変容し、伸びることによって環境に調和し続ける動く当体です。それはまた完結なき未完の姿であり、森羅万象が示す真理の姿です。したがって生花は奇数を尊び、やがて円満充足するであろう半月形の構成をとるのです。

●2——生命の共感

　色はにほへど散りぬるを　わが世誰ぞ常ならむ

　有為の奥山　今日こえて　あさき夢みじ酔ひもせず

　日本人には人間の哀しみの寄って来たる源を知り尽くし、有為の奥山を越えたところに真実を見いだそうとする心の存在があったのです。春秋のなかにある草木の生々流転は、そのまま人間の生々流転なのです。草木も生命をもち人間も共に生命をもつ当体です。草木の姿形や表情は人間の表情そのものです。草木即吾、吾即草木の共感に支えられて生花は成立します。

●3——未完の尊重

　日本人は花の盛りにすでに凋落を見ます。最盛期にすでに寂滅を見る感覚です。したがって完結より未完を尊重します。歪んだ茶碗を好むのも共通の感覚であり、日本家屋の建築にあたって一枚瓦を葺き残しておくのも未完の姿を尊ぶからだと思います。満月より、これから満ちるであろう半月形を尊重します。生花が示す形がそれです。偶数より奇数を尊重し、陰葉（裏葉）一枚多く用いるのも陰陽の変転を見越して、やがて陽転するであろう期待を孕んで成立します。また、後に陽葉（表葉）を用いるのも、今日よりは明日に、未来に夢と希望を託す人間の願望を現しているのです。

●4——自然と出生

　南北に細く長い日本列島は、温暖にしてしかも湿潤な、生きとし生けるものにとっては棲息しやすい環境に恵ま

いろは四十七文字の「いろはうた」は弘法大師作といわれていましたが、後の平安中期の色葉歌といいます。涅槃経第十三聖行品の偈を和訳したものといわれています。

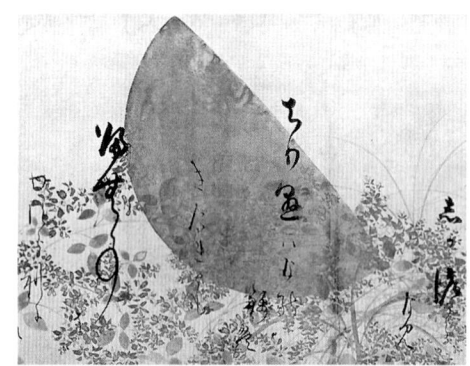

四季草花下絵和歌巻　（部分）本阿弥光悦
本阿弥光悦は、桃山時代の文化人。家康の頃、京都鷹ヶ峰に土地をもらい、工人を迎えて一種の芸術村を作りました。

燕子花のつぼみ
早春の頃の燕子花は、葉も直ぐで、柔らかです。

燕子花のさまざまな葉の姿。秋の先枯れや黄ばみ葉も風情があります。

自然の出生、性情を生かしつつ、白根を抜いて美しく「水仙らしく」、花一本を中心に左右に二枚ずつの葉を和合の形でととのえていけます。

水仙　池坊専定（日本華道社刊挿花百規より複写転載）

水仙は七種伝の一つ。松竹梅につぐ、めでたい花としていけ方が定められています。

れた再生可能な国土でした。切りとられた枝葉もすぐに元に戻り再生される。こうした自然が日本にいけばなをもたらしたとも考えられます。しかし、一年を通して住みよい季節は、必ずしも多くはありません。四季の変転のなかで風雪の試練に耐えてひたすらに生きようとする草木の生命の営みがあります。花は色や形が美しいだけで賞められるのではありません。野山水辺に生育する草木の懸命に生きるひたむきな生命の営みであり、その姿勢です。すなわち草木それぞれの出生に従い、運に従って変転する草木の姿に心をとめ草木の出生（本然の性）の体を見定め、出生の心を受けとめて生花はいけられます。

　伝書に「出生の体にかなうを生と云うされば生花という根本なり」とか「真は出生の事第一に」と、生花における自然出生を第一義としています。本来自然と出生を切り離して考えるべきではありません。自然のなかに出生は自ずと備わっているからです。しかし自然そのままでもありません。自然を科学的な姿勢で分析すると共にそこから導き出されたものに美的要素を加味したものが出生です。草木が示すさまざまな姿のなかに、ある種の共通性、象徴化ともいうべきものを学びとり、それをさらに洗練化したものが出生ということができましょう。

●5──至純性の追求

　いけられた花には単に美しいだけでなく、心の奥底をゆり動かすものがなくてはなりません。それは美しい色や形がなせるのではなく、美しい色や形の奥底に潜む生

命の鼓動に共鳴する心の働きです。私たちはしばしば草木がたどる、人生にも似た命の営みをまざまざと知らされることがあります。挫折を繰り返しながら生きようとする草木に、幾度励まされたことでしょう。またあるときは一夜の霜に、見る影もなく打ちひしがれた姿に生命のはかなさを知らされます。生命の尊さ、重たさを知るだけに一瞬の命の輝きをいかに生かすか。残酷とも見える、切るという行為のなかで、瞬時にして散っていく花の美を、二度と表現し得ない永遠の美に昇華することがいけばなの道です。それはまた限りある己の生命をいかに生きるかを見極める道でもあります。「文簡にして意深」「さわやかにしてけだかく」はまさに生花のための言葉です。不純物のない清らなる姿は鋭敏にして繊細なる感性によって純粋性の追求という形態をとるのです。

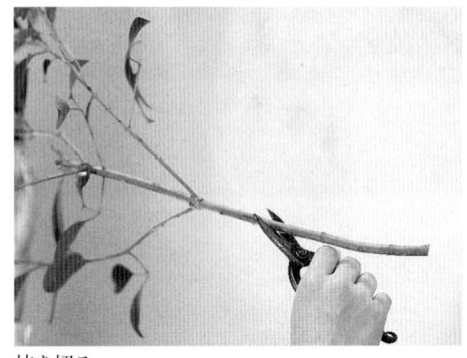

枝を切る。
太い枝は斜め、草花などは輪切りにします。こんだ葉や枝をきれいにととのえて生かします。自然のままの枝葉をそのままいけても、その草木の「らしさ」は生まれません。省略することで、よりいきいきと見せます。

●6──全体像を現す

　小にして大を、瞬時にして永遠を、相反の合一は日本固有の文化です。「小水尺樹をもって江山数程の勝概をあらわし、暫時頃刻の間に千変万化の佳境をあらわす」まさにいけばなに用いられる素材は小水尺樹、草木の一部分です。これを組み立て、一本の草木として全体像を現すのが生花の作業であり、水際は生命の根源としての根です。ここを基点として主幹が立ち伸びます。草木のたどる道は決して平坦（へいたん）ではありません。雨露風雪の痕跡を残して主幹は歪（ひずみ）をもって立ち伸びます。この歪は倒れてもなお立ち上がる草木に内在する強さであり、けなげな生命の営みの証しです。主幹を軸に枝葉は陽に向かっ

松図襖　伝俵屋宗達　養源院　重文
自然の松は、絵画では非常に意匠的に、より松らしさを誇張されて描かれます。いけばなも同様で「見たまま」をいけるのではありません。そこに、作者の個性や作風が生まれます。

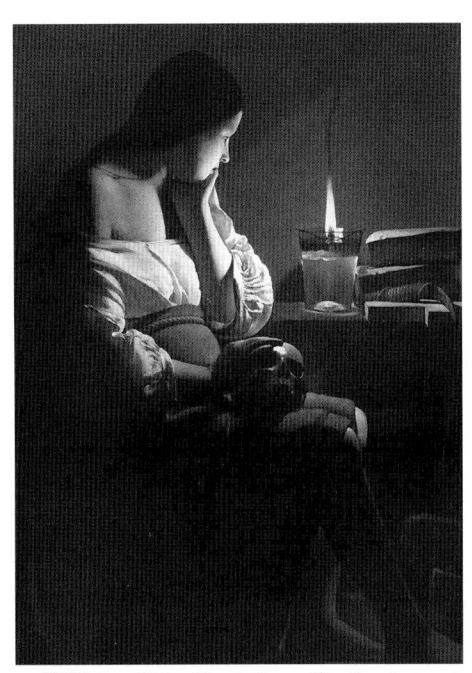

マグダラのマリア　ジョルジュ・ド・ラ・トゥール
ロサンゼルス郡立美術館
カラヴァッジョに始まるバロック絵画では、徹底したリアリズムが追求されました。ド・ラ・トゥール（1593～1652）は「光と影」の作家といわれます。

群生する盛りの燕子花
いけばなでの葉物には、他に燕子花と同じ長葉物として、花しょうぶ、あやめ、いちはつ、しゃがなどがあります。花しょうぶは端午の節句のしょうぶとは別種。最近では、オクロレウカが、葉物として入手しやすくいけられます。

て伸びます。したがって陽のあたる陽方は繁茂し、反対の陰方の繁茂は少ないのです。こうしてできる半月形の形は、生花構成の基本形を設定することになります。要するに生花は草木の一部分で全体像を形づくるのです。その全体像のなかに、内にひそむ命への感動と命の輝きに心をとめると共に、その背後を支える天地の摂理、光と水に心をはせ、生々流転の相を己の姿に重ねて見つめると、そこには生命の存在の意義と人生への指針を読みとることができるのです。

9　日本文化と燕子花

●1──文学と燕子花

〈万葉の時代〉

　文学に登場する燕子花の歴史は古く、『万葉集』に七首を載せています。万葉集は四世紀頃から八世紀中頃までの歌を編纂されたもので、わが国最古の歌集です。

　　常ならぬ人国山の秋津野の
　　　　かきつはたをし夢に見るかも
　　住吉の浅沢小野のかきつはた
　　　　衣に摺りつけ着む日知らずも
　　われのみやかく恋すらむかきつはた
　　　　丹つらふ妹は如何にかあるらむ
　　かきつはた丹つらふ君をいささめに
　　　　思ひ出しつつ嘆きつるかも
　　かきつはた佐紀沼の菅を笠に縫ひ

着む日を待つに年そ経にける
かきつはた咲く沢に生ふる菅の根の
絶ゆとや君が見えぬこの頃
かきつはた衣に摺りつけ丈夫の
着襲ひ猟する月は来にけり

　万葉集では燕子花は美しい女の比喩や修辞語としたり染料として用いられていたことが解ります。

〈平安の時代〉

　清少納言の『枕草子』には「すべて何も何も紫なる物はめでたくこそあれ、花も、糸も、紙も。……紫の花の中には杜若ぞ少し憎き……」とあります。吉田兼好の『徒然草』では「家にありたき」草のひとつとして燕子花を挙げています。

　また、二人の美女の優劣を決めがたいときにつかう「いずれあやめかかきつばた」の比喩の故事となった『源平盛衰記』巻第十六「菖蒲前の事」に次のようなことが載っています。源頼政の思慕する人が自分の寵愛している菖蒲前であることを知った鳥羽院は、菖蒲と共に年齢も、美しさもよく似た美女二人を並ばせ「この三人のうちにそなたの愛する菖蒲がいるから連れていってもよい」といわれた。見分けがつかず困って頼政が詠んだ歌が、「五月雨に沼野石垣水こえて何れかあやめ引きぞわずらふ」。この歌に感動して、鳥羽院は頼政に菖蒲を与えたという。

　『伊勢物語』第九段に、

蛍狩り　栄松斎長喜　ホノルル美術館
昔から日本人は、美人のたとえとして草花を例に出しました。「いずれあやめかかきつばた」、「立てば芍薬、座れば牡丹、歩く姿は百合の花」。また、江戸の頃の美人は「柳腰」ともたとえられています。

伊勢物語図　尾形光琳
東京国立博物館
在原業平は、平安時代の歌人。六歌仙、
三十六歌仙の一人。伊勢物語の「昔男」
のモデルといわれ、色好み、美貌であ
ったとされます。父は平城天皇の皇子
阿保親王。在中将、在五中将とも呼び
ます。伊勢物語自体は作者不詳。

もとより友とする人、ひとりふたりしていきけり。道
しれる人もなくて、まどひいきけり、三河国八橋とい
ふ所にいたりぬ。そこを八橋といひけるは水ゆく河の
蜘蛛手なれば、橋を八つ渡せるによりてなむ、八橋と
いひける。……その沢にかきつばたいとおもしろく咲
きたり。それを見て、ある人のいはく「かきつばたと
いふ五文字を句の上にすゑて、旅の心をよめ」と言ひ
ければ、よめる。

から衣　きつつなれにし　つましあれば　はるばるき
ぬる　旅をしぞ思ふ

とよめりければみな人、乾飯の上に涙おとしてほとび
にけり。

と述べられています。本書の題名も実はこの歌からとっ
たものです。

●2──短歌にみる燕子花

紫の色はふかきを杜若

　　　　浅沢小野にいかで咲くらむ （藤原俊成）

おもだかや下葉にまじる杜若

　　　　花ふみわけてあさる白鷺 （藤原定家）

関路こえみやここひしき八はしに

　　　　いとど隔るかきつばたかな （藤原定家）

いひそめしむかしの宿のかきつばた

　　　　色ばかりこそかたみなりけれ （良岑義方）

移ろへば又咲きかはり咲けば又

うつろひかはる燕子花かな （景恒）

水涸れて古き沢べの燕子花

　　　咲けるあたりや八橋のあと （小沢蘆菴）

かきつばた世に咲く花の春の色の

　　　ふかさもこれや限るならん （本居宣長）

広沢のみぎはに咲ける杜若

　　　いくむかしをかつたへきぬらん （西行法師）

こやの池のあやめにまじる杜若

　　　はなゆゑひとにしられぬるかな （後鳥羽院）

かきつばた水のみぎはに紫の

　　　ひと花さくをあはれがりゆく （太田水穂）

さびしくも杜若など植ゑて見ぬ

　　　はづかに雨のはれし夕ぐれ （金子薫園）

ひとり来て涙落ちけりかきつばた

　　　みながら萎み夏ふかみかも （北原白秋）

すがれつつ猶咲きつづき杜若

　　　深める夏ににほへるさびしさ （尾上紫舟）

かきつばたの漢字名は、本著では燕子花としていますが、他に杜若とも書きます。

●3──俳句では

杜若語るも旅のひとつかな （芭蕉）

三河路や名もなき橋の杜若 （正岡子規）

●4──芸能では

謡曲「杜若」があります。世阿弥の作とされ、寛正五 (1464) 年甥の音阿弥によって演じられたのが初めてで今も演じ続けられています。「これこそ三河の国の八橋とて杜若の名所にて候へ、さすがにこの杜若は名に負ふ

能「杜若」　国立能楽堂公演
三河国八橋にやってきた僧が、乱れ咲くかきつばたに見ほれていると、里女が現れ、業平の伊勢物語にある歌を教えて、いおりに導く。やがて杜若の精が現れ、伊勢物語の中の恋物語を舞う。

花の名所なれば色も一入濃紫の……」と謡われています。

●5──絵画工芸における燕子花

　燕子花を描いた絵画は古くからかなりの数がありますが、有名なものに尾形光琳の六曲一双の国宝「燕子花図屏風」があります。同じく八橋を配したものはニューヨークのメトロポリタン美術館所蔵のものがあります。桃山時代には長谷川等伯や狩野山楽などが燕子花を多く描いています。また、工芸では尾形光琳の国宝「八橋蒔絵硯箱」が有名です。

八橋蒔絵硯箱　尾形光琳
東京国立博物館

🔟　四季燕子花のいけ方とその特質

① 　長葉物（葉が細長く美しいもの）です。

② 　葉組み物（葉を組みかえて用いるもの）です。早春は組みかえません。

③ 　葉組みは二枚組みを主とし体に三枚組みの出生葉を用い、必要に応じ一枚葉を用います。一枚葉を上手に使うのが上級者の心得です。

④ 　葉組みは葉爪と称して葉の先端が曲がっているが、互いに向かい合うように組みます。

⑤ 　葉組みは真の前後を問わず前長後短に組みます。体の三枚組みも同様です。

⑥ 　あやめ科の植物で水草です。葉組み物の代表で葉物の基本が習得できます。

⑦ 　水草は普通水面の見える広口花器を用いますが、燕子花は真行草いずれの花器にもいけられます。

④⑤図

⑧ 四季咲きと一季咲きがあり、花の色も紫、赤紫、白、むら雲、黄等々約三十数種があります。

⑨ 四季咲きが一般的で、春夏秋冬それぞれの趣を楽しむことができます。

⑩ 葉の良否が作品の良否につながります。素直な肉厚な葉を用い、くせのある太い葉をのぞきます。

⑪ 五月中旬を花の盛りとし、早春より冬季まで趣を実状に照らしていけます。

⑫ 葉組みの上手、下手が作品を左右します。長短、高下、前後、左右、角度、方向の変化をつけます。

⑬ 親葉の中から新葉が生まれ、新葉の中から次の新葉が生まれます。新葉の爪は常に親葉と向き合います。葉組みの場合、新葉の中から親葉を出してはなりません。

⑭ 真を中心に前は陰葉（裏)、後は陽葉（表）とし、すべて表が真に向くようにします。

⑮ 春は若々しく素直にいけます。夏はゆったりとなびき葉など、秋は垂れ葉、虫食い葉、枯れ葉などを、冬は枯れ葉を用い、寂しき姿を季に照らしていけます。

⑯ 葉組みの二枚組みの葉は、真を中心にして外側が長く、短い方が中心になるように用います。

⑰ 葉には表裏があり、表葉は凹で裏葉は凸となります。

⑱ 花は一弁が前で蕚〔がく〕は縦に用い、春は葉より低く、夏から初秋は高く、晩秋は低く用います。夏から秋は高下種々あります。

⑲ 自然の理に反するので、二番咲きの花を短く体に用

⑯図

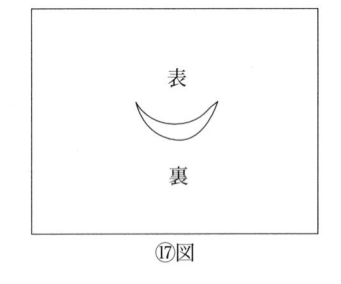

表

裏

⑰図

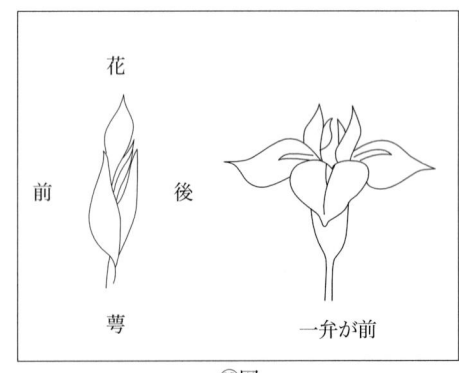

花

前　　後

蕚　　　　　一弁が前

⑱図

いないことです。

⑳　葉の数え方は、一組を一枚と数えるのではなく、葉先一枚を一枚と数え、十五枚以上は数えないことになっています。したがって偶数となる場合も生じます。

㉑　冠葉など大きく働く付き葉は一枚と数え、小さく働く付き葉は数に入れません。

㉒　体の葉は後挿し（体のところに葉屑を挿し、いけあげたあと葉屑をとり、体を入れる挿法）がよいと思います。

㉓　葉の挿す向きは体は正面を向け、他の葉は真を中心にすべての葉表が向かい合うようにします。

㉓図

本文中、現四十五世池坊専永宗匠以外の歴史上の宗匠については敬称を省略させていただきました。

参考文献／『かきつばた花譜』　堀中明著　アボック社出版

第 一 部 　春

春

　暗く長い冬のとばりが明けて、木々の肌が淡く色づき始める頃、雪間にふきのとうの緑を見るとき、春の訪れを実感する。春は新しい生命（いのち）の誕生の季であり、失いかけた希望をとり戻す季節でもある。陽春の気に満ちて萌える生命の讃歌は溌剌（はつらつ）として、みずみずしい。春の淡い色合いには柔らかな暖かさがあり、汚れを知らない清らかさがある。春の草木の示す生命の営みには多くの感動があり、詩歌はこの感動を短い言葉で詩い（うた）上げる。生花は少ない花材でより多くを語らねばならない。春の花は明るさに包まれて、我々の暮らしを彩る。

芽ばえ

花材 燕子花（かきつばた）

人も草木も耐えてきた冬が明けて水ぬるみ、池辺に燕子花が顔を出す。この時期は、葉も軟弱であるため葉組み（はぐ）をせず、うぶなままの葉を用い、真の形にいける。現在は用いられていない水切り葉（生花株要記（しょうかかぶようき）には春にだけ用いてよいことになっている）を体の葉組みの後ろに挿し、陽方にのぞかせている。水切り葉は初めて水面（みなも）を切って出る葉で、その中に次々と葉を出し株をなす、春特有の葉のことである。

みぎわに咲く

花材｜燕子花（かきつばた）

早春一番の花は、本来冬に咲くべき花が出遅れて春の暖かさに誘われて出たもので、寒さに伸びきれず、水際（みずぎわ）近く咲く。花数は少ないので一輪のみでいけることがある。これを珍花（ちんか）として賞味する。葉も花茎にも、どこか幼な子の面影をとどめて愛らしい。

稚子（泊船）

花材 ｜ 燕子花

　早春の珍花である。泊船は帆をおろし港で停泊する船の形で、真の花形にいける。船の幅より副と体をはみ出さないようにいける、極真の花である。春は希望に満ちた、明日に向かう姿勢がある。静かに見える葉先は、上に向かって伸長する。

早春の賦

花材　燕子花（かきつばた）

水ぬるむ頃の花二本を用いた、真の花形の花である。生まれて間もない葉
は、横に広がることなく伸び立つもので、真の花形がふさわしい。春特有
の味わいである。いけばなは単なる人の手による造形ではない。草木の本
然の性を見つめ、生命（いのち）の営みの真実を花瓶に展開しなければならない。

水ぬるむ（水陸生け）

花材　燕子花（かきつばた）　柳（やなぎ）

柳と燕子花の水陸生け（すいりくいけ）である。春の訪れと共に柳の木肌も緑に輝く。まさに柳青める季節の到来である。池辺に顔を出したばかりの燕子花を添えることによって、霞たなびく水面（みなも）を想起することができる。生花（しょうか）は背後の事情を自ずと展開するものでなければならない。

葉のぬくもりに咲く

花材 燕子花（かきつばた）

春まだ浅い燕子花は花数も少なく、一輪は水際（みずぎわ）近く、開花を低く、後から生まれる蕾（莟）を高く副に用い、真は葉で形をととのえた早春の基本的ないけ方である。草木は、それぞれが生育していた背後の事情を語りかける。咲く花の姿に、前後につらなる時間的な経過がその構成にとり入れられる。春暖の増幅により、後から生まれた蕾（莟）が開花を追い越して立ち伸びる。

陽春に誘われて

花材 <ruby>燕子花<rt>かきつばた</rt></ruby>

春の燕子花の葉は、生長感にあふれ林立する。幅も広く、その長短の差も少ないのが特徴である。生まれて間もないので葉はまだ固まらず軟弱であるが、伸長への姿勢は旺盛である。春の花はみずみずしく若さに満ちて、生長の気運がみなぎり輝くばかりである。

陽光におどる（二重生け）

花材 燕子花（かきつばた） 連翹（れんぎょう） 繻子蘭（しゅすらん）

二重切り竹筒の下の重に、体として用いた花である。あまり横に広げず、
素直にいけることが大切で、小さく窓の内にすべてを入れる挿法も可能で
ある。生きる力の消長に応じて、草木の姿勢はさまざまに変化する。連翹（れんぎょう）
の弾みは、陽光に向かう歓喜に満ちている。

素直なるかな

花材 燕子花（かきつばた）

春の燕子花のいけ方は、葉組みの長短の差も少なく、幅も広げず手くせもつけず、直ぐやかにいけることが大切で、葉より花は低くいけることが本来の姿（出生）である。伸び立つ若葉は、初々しく生命感にあふれ、ほのかに見せる紫の蕾（莟）が水際に美しい緊迫感を示して、生長への定かな意志を示している。

春暁 （手付籠）

花材 ｜ 燕子花（かきつばた）

手籠（てかご）の内におさめた花である。手などで区切られる空間の間のとり方に注意が必要となり、緊迫感のある間（ま）の美が要求される。草木はまことに季節に敏感である。早春の燕子花は、葉間を狭めることによって寒さから身を守るのか、葉は肩を寄せて林立する。それがまた初々しさにも感じられるのである。

ほのかに薫る（水陸生け）

花材 ｜ 燕子花（かきつばた）　白桃（しろもも）

白桃（しろもも）の女株（めかぶ）として用いられた水陸生（すいりくい）けである。男株（おかぶ）の白桃を後ろに、燕子花の女株を少しく前にいけるのを習いとしている。男株の根元に石を置き、水陸の区分をすることになっている。石より後ろが陸であり、前が水面（みなも）である。白桃のもつ柔らかい感触と、生まれて間もない燕子花の淡い緑を添えることによって、ぬくもりを増す水辺の情景が目に浮かぶ。

春萌えて

花材 ｜ 燕子花（かきつばた）

水切り葉を用いた作例である。春、いちばん先に芽を出すのがこの水切り
葉で、この中より次々と葉を伸ばし、株をなすのである。夏になるとこの
葉は朽ちてなくなる。春にのみ許された手法で、体のすぐ後ろに挿す。

春うらら

花材 ｜ 燕子花 (かきつばた)

春の陽気も満ちる頃、葉もゆったりとゆるやかになり、蕾（莟）の高さも徐々に伸びやかとなる。半開きの花を体に、蕾（莟）を副に用いたものである。風雪を知らない春たけなわの花は、陽春の光に恵まれてすこやかに育つ。その新鮮な姿は、見る者に心地よい響きをもたらす。

花曇り

花材 ｜ 燕子花（かきつばた）

体に開花一輪と、副に蕾（苔）を用いたもので、春の初々しさをその姿にとどめている。花菖蒲（はなしょうぶ）は花を、燕子花は葉をいけるといわれるように、真は葉ばかりでととのえている。花は伸びきらず、低く咲くのが早春の特色である。

春たけなわ

花材 ｜ 燕子花（かきつばた）

春たけなわとなると、花首（はなくび）も陽気にさそわれて丈（たけ）も高くなるが、葉よりも高くはならない。また花の配置も決して一様ではなく、副と体は葉でその姿を形取っている。花の高さは、草木が示す生育の時間的経過を物語っている。草木をとりまく環境に微妙に変化する姿を見つめることから、生花（しょうか）の構成は始まる。

ためらい

花材 ｜ 燕子花（かきつばた）

春も進むと共に葉も陽気にさそわれて動き始める。真のたわみがそれを物
語っている。花茎も急に抽んでる季節であり、副に用いられた蕾（苔）は
伸びかけては、ときおり訪れる寒気に伸びることへのためらいを感じてい
るのだろうか。

春暖

仲春の燕子花である。真と副にそれぞれ花を用い、開花を低く、蕾（莟）を高く用いるのが春の燕子花の出生である。早くに出た花は寒気をさけて葉隠れに咲き、後から生まれた蕾（莟）は春暖にさそわれて高く伸び立つ。草木は時間的経過と順列をもって生育する。

生命の讃歌 （生花別伝・副はずし）

花材 ｜ 燕子花^{（かきつばた）}

生花別伝副はずしである。すくすくと伸びる若葉、花茎にも小さな付き葉が伸び立ち、生命の讃歌を詩^{うた}う。春は萌え立つ季節である。副はずしの形をとることによって、いっそう上への伸長性が強調される。

風光る（生花別伝・前副）

花材　燕子花（かきつばた）

春暖の気が動き、葉も蕾（莟）も急に抽（ぬき）んでる仲春の燕子花である。わずかに曲がりを見せて立ち伸びる真に、うららに漂う気配が感じられる。その前に蕾（莟）を置き、さらにその前に副の二枚の葉を挿した、前副（まえぞえ）の手法である。当然真は表を手前に向け、副と向き合い和合する、専定生花に多い手法である。

春色

花材 ｜ 燕子花（かきつばた）

陽春の日差しは柔らかに花にそそがれ、すこやかに育つ。素朴で新鮮な印象は夢の漂いがあり、希望に満ちあふれている。花の高さに、春色今盛りなることを告げている。

直ぐやかに

花材　燕子花

葉も花も、暖かさを増すごとにその丈を伸ばす。初々しく直ぐやかに伸び
るのが春の特色である。汚れを知らぬ子どものように、体の蕾（莟）にそ
のあどけなさが感じられる。身は動くことのできない宿命を荷負いながら
光と障害に身をさらし、ひたすらな生命の営みをする草木の姿には、あた
かも人間の生命の営みを見る思いがする。草木の生命を己が生命とみる心
によっていけばなは成立する。

凜々

花材 ┃ 燕子花（かきつばた）

極真（ごくしん）の花である。生花（しょうか）は至純性の追求である。寡黙が多弁以上にものをいい、墨絵が色彩画以上に色を現すように、数少ないものが大きな働きをするものである。日本の芸道は根底にこうした相反の合一を目指して精進する。小さいもので大いなるものを表現し、美しくも汚れた美を追究する。柔らかで厳しく、動いていて静かである。相反するもの一つのみでは不完全であり、二つの相剋（そうこく）の合一点こそ美の究極である。

水面に映えて

花材 ｜ 燕子花（かきつばた）

晩春ともなると、葉はいよいよ高く、やや広がりをみせて株をなす。水際（みずぎわ）に開花一輪、水面（みなも）に影を落としてほのかに揺れる。一枚一枚の葉は所を得て、定かな位置を占める。生花（しょうか）は草木の姿勢に品格の高さが要求される。その格の高さは人間の志操の現れであり、草木の姿を借りた理想像の実現なのである。

若葉匂いて

花材 燕子花（かきつばた）

浅緑色の葉がいかにもさわやかである。花の色はわずかに紫色ののぞく蕾（莟）にとどめ、萌え出ずる若葉に主体を置く燕子花は葉が生命である。伸び立つ若葉のほとばしる生命感が、弥生の土器に色映えて、匂うようである。

水光る（副分け）

花材 ｜ 燕子花（かきつばた）

副分けの手法でいけたものである。真と副に花の蕾（莟）を配し、真のかすかなたわみに生命の弾みを表現し、副の立ち葉は裏を向け、副の葉と和合する。真副のつなぎは、体の三枚組み葉の一枚がその役割を果たしている。専定生花を模したものである。

惜春

花材 ｜ 燕子花^{（かきつばた）}

惜春の頃ともなると、葉株もゆるやかにその数も多くなり、それにともない花数も多くなる。真副体それぞれに花を配したものである。体に開花を配し、副に半開き、真には蕾（莟）を配することによって、時間的経過のなかにある一瞬が明確になる。

暮の春

花材 ｜ 燕子花（かきつばた）

京都では、五月中旬が花の盛りである。真に半開きの花を用い、開花を副
と体に配した花五本生けで、晩春盛りの頃の花である。早春の花は素朴で
新鮮であり、春の盛りの花はみずみずしい。晩春の花はあでやかである。

第 二 部　夏

夏

　五月晴れの空が若葉でむせかえるような、さわやかな季節に夏は始まる。燕子花はこの時期が花の盛りであり、群落をなして咲くのもこの季である。初夏が過ぎれば炎熱の夏の到来である。水辺と緑蔭に憩う季節であり、夏山もシーズンを迎える。炎熱の光のなかにも草木は花を咲かせる。こうした草木の生命（いのち）の営みをけなげにも思うのである。人も草木も共に生命をもつ同士である。こうした生命の共感が、単に花の表面的な美しさに目をとどめるだけでなく、人間の生活に反映する志の高さへの追求となる。夏のいけばなは、暑さに負けないさわやかさと涼やかさが必要である。

風わたる

花材 │ 燕子花 （かきつばた）

初夏の盛りの花で、開花を高く、葉数もたっぷりと、しかもゆるやかにいけることが大切で、少しなびき葉など織り交ぜて、風わたる風情を表したいものである。生まれて間もない草木の姿もあれば、今盛りなる季の花もある。今を盛りの花には、あでやかさがあやに美しい。

生命の輝き

花材 │ 燕子花（かきつばた）

花七本生けで、夏の盛りの花である。花数が多くなるので花丈がそろわないよう、また真の前後、左右が同数となるよう配置することが習いとなっている。生きる力の消長に応じて、草木の姿はさまざまで、今に遭（あ）う喜びには生命（いのち）の輝きがあり、ほとばしる生命の強さが感じられる。

水辺に憩う（魚道生け）

花材｜燕子花（かきつばた）

燕子花（ぎょどうい）の魚道生けである。男株（おかぶ）は真、副と体座で構成し、女株（めかぶ）は体でありながら、その内に三儀（真副体）を備えるように構成する。体真は真の二分の一くらいにすることが望ましい。夏は水辺と緑蔭に憩う季節である。松風（花器の名）に張られた水は広々とした湖面が想起され、さざ波すらも感じさせる。作品の背後に広がる世界こそ、いけばなの表現したいものである。

水面

花材 | 燕子花（かきつばた）　河骨（こうほね）

盛夏の頃の花で、花五本に根〆（ねじめ）として河骨（こうほね）を配したものである。河骨は開き葉四枚と巻き葉一本、花二本を用いている。燕子花の紫色と河骨の黄色は反対色で互いに引き立てて調和のよいもので、夏の水面（みなも）が連想される。

初夏の風（副分け）

花材｜燕子花（かきつばた）

花七本、夏の盛りの花であり、副分けの手法でいけたものである。副の立ち葉は裏向きで、副と和合し一株のようにいける。立ち葉の前にはつなぎの葉を表を向けて小さく挿し、真副の間をつなぐように入れる。副分けは水際（みずぎわ）より分かれているが、実は水面下の地で一つの株に集約される。水の深さによって分かれるように見えるのである。

移り香 （生花別伝・左体）

花材 燕子花（かきつばた）

生花別伝のうち、左体（ひだりたい）の花である。左体とは逆体のことであり、本来陰方に出る体が陽方にきて、陽方にくるべき副が陰方にくる花である。座敷の造り方により、主位と客位が入れ替わる場合の特殊な環境に飾る花である。長く振り出された陰方の副に、体先の葉が微妙に呼応する動きをみせることによって生命の働きを伝える。

涼風 (魚道生け)

花材 | 燕子花（かきつばた） 河骨（こうほね）

燕子花（こうほね）と河骨の魚道（ぎょどうい）生けである。男株（おかぶ）は燕子花で真、副と体座を構成し、女株（めかぶ）は河骨で体を構成する。このときの体は体であると共に、その内に三儀（真副体）を備えるように構成する。夏のいけばなは涼感をともなうことが大切であり、大きい広口（ひろくち）にたたえた水は何よりのもてなしである。

風に誘われ（横掛け）

花材 ┃ 燕子花（かきつばた）

尺八花入れに横掛けの花である。尺八とは、丈が一尺八寸で直径一寸三分を基本寸法とし、節が奇数の花入れのことで、置き生け、向掛け、横掛けの花入れとして用いられる。横掛けは斜め後方の床角に真を向けて振り出し、体は床かまちを出ないよう、掛けの高さは床より三尺二寸から三尺六寸の高さである。

炎熱に立つ（手付竹筒）

　　手付竹筒の花である。一重切り竹筒同様のいけ方をし、体は手の内におさ
　　め、真、副は釣り手を一ヵ所で切り、横に振り出す。副は真の後ろより挿
　　して前角に振り出すを習いとする。真の茎や葉の描く曲線には緊迫感が漂
　　い、生命の旺盛さと炎熱に負けない強さが示される。

水郷 （魚道生け）

花材 │ 燕子花（かきつばた） 太藺（ふとい）

太藺（ふとい）と燕子花の魚道生け（ぎょどうい）けである。男株（おかぶ）は太藺の真副と体座、女株（めかぶ）は燕子花の体であるが、体の内に三儀を備えるように構成する。花の配置（地取り）は前後、左右共に三つ割りとするが、円形の花器はやや中に寄せて配置する。いけばなは草木の形のなかに作者自身の願望を見いだし、これに共鳴する心によって形作られ、烈日のなかに凛然（りんぜん）と立つ姿はさわやかに気高い。

五月晴れ （生花別伝・左体）

花材　燕子花（かきつばた）

生花別伝のうち、左体（ひだりたい）の花である。真の腰深く正規の体と副が反対に振り出され、体座と副座を置くことになっている。座とは本来あるべき位置を示す場である。いけばなは手にした花材の特殊な相をつかむことが大切である。茎や葉にわずかなカーブを加え、流麗な伸びを表す。

水青く（体分け）

花材 ｜ 燕子花（かきつばた）

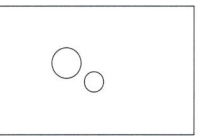

体分けの花である。専定生花を参考にしたものである。この作と同様の考
え方に、副分けの手法でいけられたものがある。こうした水草では根元は
一つであっても、水深が増せば上部は分かれたように見えるわけである。
また、魚道生け（ぎょどうい）とも考えられる。専定時代の伝書に、株分けの配置が図の
ように前後の配置となっている。夏は燕子花の本季で、いろいろのいけ方
が楽しめる。

花影映えて（横掛け）

花材 | 燕子花（かきつばた）

花材｜燕子花

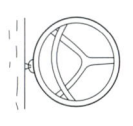

根竹の花入れに横掛けの花である。二重切りの上の重とほぼ同様であるが、真の方向が後ろ角に振り出される。小間の花で軽くいけるを本来とするが、根竹の花器との調和を計り、いささか重くいけたものである。横掛けの花配り（又木配り）には二つの方法がある。

早乙女 （手付籠） 花材｜燕子花（かきつばた）

手付籠の花入れに、副が釣り手を一ヵ所で切り、振り出したもので、花心（かしん）粧（しょう）に菊をいけた同様のいけ方がある。かなりの自由性があったことが知られ、こうしたいろいろのいけ方ができるのも、夏の特色である。夏のいけばなにとって大切なのは、つやと弾みである。暑さゆえに、よりいきいきとして、しかも有機的な働きをもつものとして表現されなければならない。

風の響き （交ぜ生け）

花材 燕子花（かきつばた） 太藺（ふとい）

太藺（ふとい）と燕子花（かきつばた）の交（ま）ぜ生（い）けである。交ぜ生けは、本来凋落（ちょうらく）を目前に迎えた秋草の乱れ咲く風情を写したものであるが、そのいけ方を水草に応用したものである。太藺で真副体、燕子花で真副体の複合体であり、太藺の体は前に挿しても後ろに挿してもよいが、太藺と燕子花の根元は交ぜず、上で交ざり合うように構成する。かすかにあけられた太藺のすきまに風の吹き抜けがあり、燕子花のなびき葉に風の響きが伝わってくる。

艶（棚上の花）

花材│燕子花（かきつばた）

棚上の花である。床脇の違い棚では下座に寄せて置き、青楼棚（せいろうだな）では中央に置く。いけ方は向掛けと同様で、真は下座の前角に振り出す。この棚下には広口（ひろくち）の花を置くことになっているが、青楼棚の下には泊船（とまりぶね）がよい。生きて呼吸するものとしての植物の美しさを前提として形作るいけばなにとって、花首や葉の流れに生きるがゆえの表情を見失ってはならない。

風韻（魚道生け）

花材｜燕子花（かきつばた）　葦（あし）

葦（あし）と燕子花（かきつばた）の魚道生（ぎょどうい）けである。男株（おかぶ）と女株（めかぶ）の配置は、男株を三つ割りの後ろに、女株を前に配置する。左右も三つ割りにするを基本とするも、七、五、三に分割し、変化をつけて配置することも可能で面白い。ただ伝承や通念によって形作るだけでは新鮮な感銘をともなうことはできない。

光を求めて（横掛け）

花材｜燕子花（かきつばた）

尺八花入れの横掛けである。横掛けの真は床の後ろ角に振り出し、花が床かまちより前に出ないようにいける。客の立ち居ふるまいのおり、当たることをさけての配慮である。花茎はわずかの間に光を求めて姿勢を変え、真の花首は光に向かう自性の強さが現れ、空間に呼吸する姿が浮かび上がる。

八橋 (二重生け)

花材 燕子花（かきつばた）

二重切り竹筒の上下にいけた花である。この二重生けは、上の重に真と副をいけ、下の重に体をいけたものである。上の重は真と副と体座をいけ、下は体でありながら三儀を備えていなくてはならない。特にこの二重生けは、上の真の葉組みを花の後ろに表葉を見せていけたもので、花の前に裏葉を用いる基本的な挿法と異なるいけ方にしたものである。四季燕子花集の作例もこの方法である。

悠久の流れ （副分け）

花材｜燕子花（かきつばた）

副分けの花である。副は水際（みずぎわ）より真との間を置いて立ち伸びる。副の立ち伸びた立ち葉は裏葉であり、副のなびき葉と和合する。遙かなる天地と悠久なる川（はる）の流れが感じられる。

群生（二重生け）

花材 | 燕子花（かきつばた）

二重切り竹筒の花である。基本的な二重生けで、上の重に真と副と体座をいけ、下の重には体をいける。上の重の真の花の前に裏向きの真の葉を用いた一般的な手法である。

さやかに薫る（雪月花）

花材｜燕子花（かきつばた）

雪月花（せつげつか）で、真と副を釣り手の外に振り出すいけ方をしたものである。二重の上の重のいけ方と同様にいけるが、釣り花であるため少し軽やかにいける。副に開花、体に蕾（荅）を用いていけたもので、真は葉のみで構成し、花にも増して緑がすがすがしく粋さを出した、日本の伝統的美感の一つである。

清流 （交ぜ生け）

花材　燕子花（かきつばた）　太藺（ふとい）

太藺（ふとい）と燕子花の交（ま）ぜ生けである。太藺で真副体、燕子花で真副体を作り、根元はそれぞれ交ぜないようにし、上で互いに交ざり合う形である。池畔の情趣をかもし出し、炎熱の夏に涼を感じさせる。

緑蔭 （向掛け）

花材 ｜ 燕子花 (かきつばた)

籠花入れの向掛けである。床の中央に掛軸のかわりに飾る花で、胴釘という床の正面左右の真中に床板から三尺二寸から三尺六寸の高さの釘に掛ける。いけ方は二重切りの上の重と同様であるが、後ろが壁で枝が振り込めないので前かがみとなる。夏の燕子花は本季であり、生長のピークで、葉も旺盛な繁茂を見せ、大らかにゆったりと生い茂る。

粋 （生花別伝・体はずし）

花材 燕子花（かきつばた）

生花別伝のうち、体はずしの花である。体には本来の位置を示す体の座を置くのが習いである。夏は涼やかに、生命（いのち）の弾みを感じるようにいけることが大切であり、なにげない真のたおやかな伸びと、副の動きに、生きる生命の証しが現される。

遙か （遠池生け）

花材 ｜ 燕子花（かきつばた）

雪月花遠池生け（せつげつかえんちい）の花である。雪輪の釣り手を雪とみなし、青銅皿形の水盤を月とみなし、入れた花とで雪月花と呼ぶ。雪輪の中に魚道生け（ぎょどうい）に小さく入れたものを、遠池生けと呼ぶ。限定空間を生かすよう、雪輪に当たってはならない。小さくて大きな世界を表現し、瞬時において永遠を表現するのがいけばなである。

風の便り（一重生け）

花材　燕子花（かきつばた）

一重切り竹筒の花である。本来一重切りのいけ方は、真は花器の中心線に戻るのであるが、燕子花のような花材は撓（た）めがききにくいので、葉を戻して中心をとってよいことになっている。体は窓の内におさまり、真副は柱の一ヵ所を切って振り出され、柱があるため真は前に傾斜して出て、梢（こずえ）は後ろに立ち戻るのである。

静穏 （泊船）

花材 ｜ 燕子花（かきつばた）

泊船（とまりぶね）の花である。泊船は停泊している帆をおろした船を形取り、極真（ごくしん）の形にいける。したがって船の前後の幅より枝葉を振り出さないことが習いである。真副体の葉組みのみで構成し、あしらいの葉のない省略の極限的な花である。生花（しょうか）は本来至純性の追求がなされるものである。

爽風（仙鶴）

花材｜燕子花（かきつばた）

仙鶴の花である。仙鶴は金亀と対の花としてめでたい席などに好んで用いられるもので、大正年間に生まれた花器である。仙鶴の花入れに単独でもいけられ、いけ方は一重切りと同様である。真の花のカーブに添って立ち伸びる真の葉には、夏の花にふさわしくさわやかな切れ味があり、今を盛りの生命感にあふれている。

暢びやか （棚上の花）

花材　燕子花（かきつばた）

棚上の花である。床脇の棚上に飾る花で、獅子口（ししぐち）花入れにいけたもので、窓内に体をおさめ、真を横に振り出し、副を立ち昇らせた二重切り上の重のいけ方と同様である。

さざ波 （陰方副）

花材　燕子花^{かきつばた}

陰方副の花である。口伝花と称された変化形であり、内副流枝ともいわれる。あやに美しい花にもまし、浅緑はすがしくさわやかである。表現しようとする作者の意図と形が調和するとき、いけばなは生きた存在となる。

安らぎ（向掛け）

花材　燕子花（かきつばた）

瓢（ひさご）の花器に入れた向掛けの花である。向掛けは床の軸のかわりに飾る花で、床の中央の胴釘に掛ける。小間（こま）の花のため、軽やかにいけるのがこつである。瓢のわずかな傾きにも、自然がつくり出した自（おの）ずからなる表情があり、味わい深いものである。

風雅

花材 ｜ 燕子花^{かきつばた}

真の葉組みの長短を反対に組み、一枚が陰方あしらいとして働くように扱った手法である。中央の葉はどちらを長くしてもよいが、右に出る葉は右を長く、左に出る葉は左を長く扱うのが習いである。形式になずめばいけばなの生命は失われる。芸を志す者にとって大切なことは「危険に遊ぶ」ということである。

生命弾む（横掛け）

花材｜燕子花（かきつばた）

根竹（ねだけ）、獅子口（ししぐち）の横掛けの花である。副と体には花を用い、後ろ角に振り出された真は葉のみで構成した。わずかにたわむ弧線に緊迫感があり、凜（りん）とした生命（いのち）の弾みが感じられる。

風雨（生花別伝・上段流枝）

生花別伝のうちの上段流枝（じょうだんながし）である。上段流枝には真自体が流れる場合と、真のあしらいが流れる場合とがある。真の流れる場合は座をもうけることになっているが、小枝のない燕子花の場合は不用である。中心線にある葉が座となる。

暁雲（浦島）

花材｜燕子花（かきつばた）

浦島の花器に入れた花である。一重切り竹筒または仙鶴の変形であり、いけ方も一重切りと同様のいけ方をする。燕子花のように撓め（た）が十分きかないものについては、花器の中心まで真をもってこなくても葉で振り出してよいことになっている。体は竹筒の幅より出ないようにするを習いとしている。

生々流転 （変形一重生け）　　　花材｜燕子花<small>（かきつばた）</small>

変形一重切りの花である。腰が高いため二重切りの上の重と同様のいけ方
で、真を横に振り出し副を立ち昇らせ、体は窓内におさめる。夏から秋に
かけては、種々の味わいを楽しめる燕子花の本季ともいうべき季<small>（とき）</small>である。
蕾（莟）はやがて半開きとなり、半開はまたやがて開花となる。生きてい
る証<small>（あか）</small>しである。

雲水 （生花別伝・下段流枝）

花材 ｜ 燕子花（かきつばた）

生花別伝のうち、下段流枝（げだんながし）である。人の生き方は花の姿に現れるものである。よろしき面影を追い求めるがゆえである。夢を求めつつも、なかなか現実はそうはいかない。行く川の流れのように巧みもなく、たださらさらと生きたい。雲水のように。

鼓動（横掛け）

尺八花入れの横掛けの花である。体は床かまちより前に出ず、真は表を見せて斜め後方の床後ろ角に向かって振り出され、副は真の後方に挿し、立ち昇る形となる。小間（こま）の花で軽やかにいける。

朝露 （手付竹筒）

花材｜燕子花（かきつばた）

手付竹筒の花で、花心粧（かしんしょう）にこの花入れに菊の生花（しょうか）が掲載されている。真と体を手の内におさめ、副のみを振り出したもので、いろいろの手法が楽しめる。決して一様でなく、規矩性に基づきつつ自由性のあるものである。

打ち水 （手桶竹筒）

花材 ｜ 燕子花（かきつばた）

手桶の花入れの花である。一重切りと同様のいけ方である。炎熱の夏は涼しく、冬暖かくは誰もが願う思いである。手桶で打ち水は今は昔の物語であるが、懐かしい思い出でもある。涼感に重点を置き、数少なくすっきりといけた作品である。

夏深し（雪月花）

花材 燕子花（かきつばた）

雪月花（せつげつか）は、雪輪を意匠化した釣り手を雪と見、丸い皿形の水盤を月と見なした花器に花を入れ、雪月花と名付けたもので、三つのいけ方がある。釣り手の内に小さく魚道（ぎょどう）生けにする場合と、真と副を釣り手の外に振り出す場合と、真のみ外に振り出す場合とがある。

秋近し（向掛け）

時代籠（じだいかご）花入れに向掛けの花をいけたものである。真は葉のみで形作り、副に開花と体に蕾（莟）を用いていけたもので、真の葉は裏を手前にしていける場合と表を向ける場合の二つの方法がある。この場合は裏を手前にしたいけ方である。向掛けは床の中央のひる釘に掛けるものであるが、ひる釘がない場合や他の場所に飾る場合は、垂撥（すいはつ）を用いることになっている。

湿原 （二重生け）

花材　燕子花（かきつばた）

二重切り竹筒の花である。上の重で真副、下の重に体を入れる。上下でバランスをとり、上下のそれぞれが生かされるよう互譲の心でいけることが大切で、上の重の体は座とし、竹筒より外に出ないようにする。下の重の体は三儀を備え、体の真は上の重を越さないことが原則である。上の重の真は陽葉遣いとして、花の後ろより表葉を見せている。

ささやき（棚上の花）

花材 ｜ 燕子花（かきつばた）

棚上の花である。青楼棚（せいろうだな）ならば中央に飾り、違い棚ならば下座に寄せて、真は下座前角に振り出していける。花器は獅子口（ししぐち）と呼ばれるもので、狭い口に体をおさめ真と副を外に振り出すのであるが、花器のふちに当たらないようにいけることが大切である。いけ方は二重の上の重と同様である。

夏の月（月）

花材｜燕子花^{かきつばた}

燕子花は四季を通じて楽しめる数少ない花材である。季節それぞれの趣があり、「いづれあやめか燕子花」といわれるごとく美女にたとえられる花である。しかし生花の花材として扱いやすいのは、葉もしまり、撓めのよくきく七月から九月までが最適である。特に変化形などは撓めのよくきく季節がよい。

喜雨 （横掛け）

根竹（ねだけ）に横掛けの花をいけたものである。本来釣り生けや掛け生けは、軽やかにいける小間の花である。この場合は花器がいささか強いので、調和を計るために重くいけてみた。真は葉で形作り、副と体に蕾（苔）二本でまとめてみた。

青波 （生花別伝・前副）

花材 燕子花（かきつばた）

前副（まえぞえ）の手法でいけたものである。体のすぐ後ろに副を挿し、前角に振り出し、陰方一枚で奥行きを出している。生花（しょうか）は極限まで省略を試みる様式であり、数少なきはかえって味わい深しといわれるゆえんがここにある。このときの真の葉は表を向いて副と和合する。

雨後 （生花別伝・前副）

生花別伝のうちの前副（まえぞえ）の花である。体は葉のみで形作り、次に副を挿し、前角に振り出し、開花一輪を添える。次に前あしらい、真の葉、蕾（苔）の花、後ろあしらいの順に挿す。

露こぼる（生花別伝・下段流枝）

花材｜燕子花（かきつばた）

　生花別伝のうち、下段流枝（げだんながし）の花である。副は真を抱え込み、下段の体流枝
を強調している。上、中、下三段流枝は流枝の枝葉が鑑賞の主眼であり、
その主眼を引き立てる構成が重要である。

生命の流れ（変形一重生け）

花材 燕子花（かきつばた）

変形一重切りの花である。ふつうの一重切りより腰が高く窓の丈が低い。
こうした花器には二重切りの上の重のようにいける場合が多いが、専定生
花にこれと同じようないけ方があるので、それを活用させていただいたも
のである。

凛然 （牡丹籠）

花材　燕子花（かきつばた）

牡丹籠（ぼたんかご）の花である。籠には敷板を用いないことになっている。手によって区切られる空間に調和するように、花丈や葉の働きを考え、配置することが大切である。

風の中 (逆真の姿)

花材 燕子花(かきつばた)

逆真(ぎゃくしん)の花である。本来の真の曲がりとは反対の曲がり方をしたもので、専定生花を模したものである。一瞬の風になびく風情が感じられる。カメラにシャッターチャンスがあるように、花は一瞬の変化をとらえることが大切である。

端厳

花材 　燕子花（かきつばた）

古銅花入れに真の花形の花である。燕子花は真行草いずれの花形にもいけられ、花器もさまざまなものにいけられる。

さわやか（生花別伝・前副）

前副^{まえぞえ}の花である。真は表葉を見せて花の後ろに曲線を描いて立ち伸びる。このわずかなひずみが雰囲気をかもし出し、副の裏葉と対応する。

生動 （手付籠）

花材 燕子花（かきつばた）

華奢（きゃしゃ）な手付籠にいけた花である。茎の動きに同調する葉の動きに、皮肌の内部を流れる生命（いのち）が感じられる。葉の長短とその間合いがかもし出す生命のふるえ、見えない生命の鼓動が伝わってくるようである。

聴風 （月）

花材｜燕子花（かきつばた）

月にいけられた釣り花である。真副を外に振り出したいけ方で、真副が互いに呼応した間合いのなかに開花が定かな位置を占めて安定する。花茎のわずかに勢う姿勢に雰囲気がかもし出される。

雲は流れる （手付籠）

花材 | 燕子花（かきつばた）

専定生花を模したものである。抛入花（なげいれ）から生花様式の確立を見た初期の作風をとどめた陰陽二体の構成であろう。涼やかさを求める季感とあいまって味わい深いものがある。

閑居

無駄のない動きとなめらかさは、技の身体化によって生まれる。その動き
は不自然さをともなってはならない。真と副、副と体の呼応と一体感が大
切であり、生命体としての一貫性が重要である。

第 三 部　秋

秋

　春に芽ばえた草木が盛りを過ぎ、やがて実りを迎える。それは変転する環境のなかで、雨露風雪に耐えたもののみが味わう充実の姿でもある。ゆるやかでゆったりとした秋の燕子花には、清冽に生きたもののゆとりと静寂な佇まいすら感じられる。初雪の便りが聞かれる秋の深まりと共に、草木は凋落の気配を色濃くその姿にとどめるようになる。燕子花の黄色に色づいた葉や、垂れ葉が目立ち始めるのもこの季である。

　物哀しくあわれではあるが、生命もつものの宿命でもある。土に生まれて土に還る草木の生命ははかなくも美しい、静かな時の流れである。

季の移り

花材 ｜ 燕子花（かきつばた）

生長のピークを過ぎた草木は、次なる種を残して終焉（しゅうえん）を迎える。真のあしらいの垂れ葉や、真のかすかなたわみに生命のうつろいが感じられる。こうした茎や葉の動きが環境を暗示し、季の移りと共に風の便りや見えない花の生命が感じられる。

秋空 (変形一重生け)

花材｜燕子花 (かきつばた)

秋の空はどこまでも高く澄んだ碧色に染められて、一陣の風に燕子花の花影がゆらぐ。横に振り出された真の花にそんな風情を感じる。さりげなさがこの花の特色である。この種の一重切りのいけ方に専定生花がある。

露の玉 （向掛け）

花材 ｜ 燕子花（かきつばた）

向掛けの花である。体は垂撥（すいはつ）を出ないように、真は斜め前方に振り出し、副は真の後ろに立ち昇るように挿す。小間（こま）の花のため数は少なく、一枚一枚の葉の働きを大切にすることが肝要である。真のなびき葉に露の玉がころがるようである。

粋、つや、弾み

花材 │ 燕子花（かきつばた）

真と副に花を用い、体は葉のみで形作った。花はどこに配置するというきまりはなく、かなり自由である。秋の花は曲がりを生じたり、付き葉が伸びて面白い形が楽しめる。付き葉を上手に使うことがその特色である。

安堵

花材 ｜ 燕子花^{（かきつばた）}

秋は草木の生命^{（いのち）}の転機を迎える季である。林立していた葉株も、横になびくようになる。それは生命もつものの宿命である。一直線に進むのも大切であるが、ひと休みしてくつろぐこともまた大切である。生命の営みに真実をつくしたものの充実感があり、静かなたたずまいすら感じられる。

秋冷 (浦島)

花材 | 燕子花^{かきつばた}

浦島竹筒の花である。弓なりにたわむ真の姿は、秋の冷気すら感じられる。白き風に立つ、そんな勇姿が目に浮かぶ。花の姿に理想を託すのがいけばなの道である。日本人はごくささいな事柄に、人間探求としての道を求める。だから「道」なのである。

秋風 （生花別伝・上段流枝）

花材 燕子花（かきつばた）

日本のいけばなは、草木にて心を述べるものである。草木によってあるものを表現することである。残暑は秋風が恋しく待たれるものである。そんな秋風をいけたものである。

葉ずれの音

花材 燕子花^{かきつばた}

空の青さと渡る風がいかにもすがすがしい季節となった。その青空に向かってすっくと立つ燕子花の姿にも、秋の気配が感じられる。背筋を伸ばす真のかすかなたわみや、葉のなびきに秋風が心地よく吹き寄せ、カサコソと鳴る葉ずれの音が聞こえてくるようである。

色匂う

仲秋の燕子花である。まだ花は葉より高く、開花が高く、蕾（莟）は低い
が、中旬頃からはぼつぼつ葉よりも花が下りはじめる。体を少しく横に振
り出して安定感を出してみた。上中下の葉の配置や、長短や間のとり方が
大切である。真の花は冷気にふるえてか、花弁も小さく、目に鮮やかな紫
もうつろうもののはかなさを秘めている。

惜秋

花材 ┃ 燕子花 ⟨かきつばた⟩

仲秋の花である。生長のピークを過ぎれば、寒暖の差に左右されて停滞と
伸長をくり返し、花は屈曲を深くする。真のたわみと葉のなびきに秋風が
聞かれ、惜秋の思いひとしおである。

風立ちぬ （牡丹籠）

花材　燕子花（かきつばた）

牡丹籠（ぼたんかご）の花入れにいけた花である。秋の燕子花は大らかにゆったりといけたい。大きく垂れる副と後ろあしらいに置く白露と、風の便りが聞かれ、味わいも深い。

風雪 （陰方副・あるいは内副流枝）

花材 │ 燕子花

陰方副とも内副流枝ともいわれる花であり、中段流枝の一手法である。澄み渡る秋空のように、しゃっきりとしてさわやかである。大きく振り出された流葉に、果てしない空の広さが感じられる。

侘び住まい （生花別伝・中段流枝）

花材 <ruby>燕子花<rt>かきつばた</rt></ruby>

<ruby>中段流枝<rt>ちゅうだんながし</rt></ruby>のうち、副自体を流した花である。秋の深まりと共に<ruby>幾星霜<rt>いくせいそう</rt></ruby>を過ごした草木の姿には、過去の歴史が刻まれて、侘びしさが身にしみるものである。長く伸びた真のかすかなたわみに、長年の苦労のあとが見られる。

簡 （生花別伝・前副）

花材 ｜ 燕子花（かきつばた）

仲秋は多くの場合、花を葉より高くするのが一般的ではあるが、逆に花を低くする場合もあり、一定ではない。夏と比べて葉数もめっきり少なくなる。必要最少限に省略し、さわやかさを強調してみた。前副の花で体の後ろに副の裏葉を挿し、真の花、一枚の表葉を用いととのえたものである。

弾み（向掛け）

花材 燕子花（かきつばた）

根竹（ねだけ）花入れに向掛けの花である。秋は清らかで、冷気には思わず身の引き
しまる思いがする。四季それぞれの味わいは尽くせぬものがあり、変化に
富む自然に感謝せずにはいられない。真の弧線には張りがあり、葉の間合
いには、ある種の緊迫感が秋の季感をいっそう高めている。

流動

花材 ｜ 燕子花（かきつばた）

秋の燕子花は付き葉も多く、長く伸び出す。付き葉を生かして働かせることが、その特色である。葉も大きく動いて躍動する。乱れ咲く姿こそ、秋の象徴的な姿である。

名月 (月)

真のみ外に振り出し、体と副を月内におさめた花である。狭い月の内に、
いかに上手に花を配置するかが大切である。

沈静

花材 燕子花（かきつばた）

草木をじっと見ていると、沈静そのもののように見える。そのなかに生命（いのち）のふるえる動きを見いだすことができる。真のかすかなたわみに、花茎の屈曲に、確かな生命の鼓動が聞こえてくる。

流水

花材 ┃ 燕子花（かきつばた）

生花（しょうか）は生命をどうとらえ、表現するかが問題である。主幹となる真は風雪に耐え、なお立ち伸びようとする姿勢をとる。それは光に向かって伸びようとするやみがたい自性の姿であり、このゆがみと変化の強弱が、草木のたどった営みの歴史を物語っている。

生命の躍動 （生花別伝・中段流枝）

花材 燕子花（かきつばた）

体（からだ）に血潮が流れるように、草木にも花葉の内部を水が流れ生命（いのち）が育まれる。その証（あか）しが花葉の動きである。ほとばしる生命の躍動、息づく姿勢は生花に欠かせぬ要素である。

気品に満ちて（魚道生け）

花材 燕子花（かきつばた）

単純、明解な姿は素朴感にあふれて好ましい。葉のなにげないさばきに秋の冷気と緊迫感が漂う。放り出されたかに見える副の花茎は、何を考えているのだろうか？　女株（めかぶ）の体のあどけなさは、幼な子のように愛（いと）しい。

月光 (月)

花材 ｜ 燕子花（かきつばた）

春の桜、夏の輝く雲、秋の月、冬の雪、どれをとっても美しい。四季折節
の変化に富んだ日本の自然は、私たちに鋭敏にして繊細な感覚を養ってく
れた。同じ月でも季節によってそれぞれ異なった趣があるが、秋の月を最
高とし、銀色に輝く月に、真だけ外に振り出し、副と体を内におさめるい
け方でまとめた。

時空を越えて（生花別伝・下段流枝）

花材｜燕子花（かきつばた）

生花別伝のうち、下段流枝（げだんながし）の花である。体先をかなり長く振り出して下段流枝としたもので、この流枝を強調するために副は真のたわみに添って抱く形をとる。一瓶の主眼を定め、その主眼を引き立てるべく他の枝葉が配置構成されなければならない。

葉隠れ（生花別伝・上段流枝）

花材 燕子花（かきつばた）

生花別伝のうち、上段流枝（じょうだんながし）の花である。真は副と向かい合い、葉先は前角に振り出している。真の短い中心線の葉が真の座ということになる。秋の深まりと共に花の丈も低くなる。葉隠れに咲く風情を生かして、真の葉と前あしらいの葉を花弁にかけ、情趣に心がけた。

枯淡 （生花別伝・中段流枝）

花材 燕子花（かきつばた）

生花別伝のうち、中段流枝（ちゅうだんながし）の花である。仲秋ともなると黄葉や垂れ葉が見られ、凋落（ちょうらく）する草木の宿命が色濃く感じられる。それはまた生命（いのち）をもつものすべての宿命であり、はかなく哀しいことではあるが、それだからこそ生命の大切さ、尊さがある。前あしらいの一枚の葉が大きく流れ出し、副の働きとなったもので、真の後ろあしらいと対応してバランスが計られる。真の後ろに副座を置き、副内に働かせている。

凜然と立つ

花材 燕子花（かきつばた）

凜（りん）として弾む姿は、生花（しょうか）には欠かせぬ要素の一つである。息づく草木の生命を表現することを目的とするからである。真のたわみがまさにそれである。凜然と風に立つ、背筋を伸ばせ、胸を張れ、そんな叱咤激励が聞こえる。

秋深し（牡丹籠）

花材　燕子花（かきつばた）

仲秋の牡丹籠（ぼたんかご）の花である。秋の花は二本から三本くらいが多い。しかし、ときには五本も入れることがある。開花と蕾（苞）の配分により、煩雑さをなくすことが必要である。副と体には深みゆく秋の気配が漂い、情趣が深い。花の配置は前後左右同数を習いとしているが、その約束にしたがっている。

流れ雲 （月）

花材 ｜ 燕子花 (かきつばた)

「月々に月みる月は多けれど月みる月はこの月の月」（古歌）
やはり秋の月は最高である。意匠化された月の花器に、真を大きく振り出
し副を月の内におさめたいけ方である。月の輪のどこにも当たらないよう
狭い空間に当てはめるのは、なかなか難しいものである。

露の雫 <ruby>露の雫<rt>しずく</rt></ruby>（生花別伝・左体）

花材 <ruby>燕子花<rt>かきつばた</rt></ruby>

生花別伝のうち、<ruby>左体<rt>ひだりたい</rt></ruby>の花である。真のたわみと、それに添いつつ振り出す内副の弧線が重要な鍵となる。変化の形として面白いが、本来は飾る環境によって生まれたものである。

湖畔

花材 ｜ 燕子花 （かきつばた）

広口（ひろくち）の花器に、大らかにいけたものである。燕子花はどのような花形にも、またどのような花器にもいけられるが、水草ゆえに広々とした水面（みなも）が想起できる花器が好ましい。

落とし水 （生花別伝・副はずし）

花材 | 燕子花（かきつばた）

生花別伝のうち、副はずしの花である。生命あるものは常に未来に向かって現在を生きている。長くも見える人生も、悠久の歴史に比べればつかの間の人生であり、その時代相のなかにしか存在しない。今日も明日には過去となる。今ある感動を、今の感覚で表現することが大切である。それは、平成という時代を生きた証（あか）しでもある。

静閑 （泊船）

花材　燕子花（かきつばた）

泊船（とまりぶね）の花である。科学文明は便利で豊富な物質を提供し、想像を絶する現代生活を成しとげた。それは便利さゆえに東奔西走の日々をおくることにもなる。生活のテンポも急速に変化し、まさに激動の時代である。それが激しければ激しいほど、静寂と安定を欲する。泊船が示す港での一時の休憩は、現代人の欲する静閑な姿そのものであるかもしれない。

秋の声

花材 ｜ 燕子花（かきつばた）

草木の姿形はさまざまである。こうした枝葉がもつ固有の意志を助長しな
がら、生成発展する草木の意志のまとまりを創り出すのがいけばなであ
る。特に四季に咲き変わる燕子花には、季節による独自の姿を提示する。
花茎には付き葉が長く伸び出し、その屈曲も激しさを増す。このような秋
特有の姿を色濃く映し出すことが要求される。

<ruby>爽<rt>そ</rt>籟<rt>う</rt></ruby>らい
爽籟（生花別伝・中段流枝）

花材 ｜ <ruby>燕子花<rt>かきつばた</rt></ruby>

生花別伝のうち、<ruby>中段流枝<rt>ちゅうだんながし</rt></ruby>である。内なる内容の高まりが自然とあふれて流れ出したものが流枝である。したがって本体には満ちた力の存在があり、<ruby>凛<rt>りん</rt></ruby>とした生命の弾みが必要となる。真の弓なりの反りが緊迫感に満ち、流枝を強く印象づける。

しおり

体の葉組みの変化の花である。基本のマスターは芸道における上達の近道である。しかし例外のない規則はない。草木は生きているゆえにこそ固有の姿形をもち、しかも四季折節に異なる形状を現す。秋風の立つ頃になると、葉数が極端に減少する。このようなときには体の葉組みに変則を生じる。体の陽方の一枚が高く伸び、真の前あしらいの働きをすることがある。この作品がそれである。

秋晴 （向掛け）

花材 ｜ 燕子花（かきつばた）

根竹（ねだけ）花入れに向掛けの花である。真の葉は、花の後ろから表を向けて振り出した、陽葉立ての扱い方をしている。二重切りの場合も二通りの扱い方があるのと同様である。陽葉立ての場合は、真の前あしらいを少々長めに用い、真の葉と対応させることが大切である。

静寂（魚道生け）

花材 燕子花（かきつばた） 葦（あし）

晩秋の魚道（ぎょどうい）生けである。湖畔を渡る風は冷たい。そのなかにあってなお草木は生き続けようとしている。男株（おかぶ）と女株（めかぶ）の間を縮めることによって、寒風のなかで肩を寄せ合う姿が、いじらしくもせつなく伝わってくるようである。魚道の間合いは三つ割りを基本とするも、作意によって変化する。

挽歌

花材 ｜ 燕子花（かきつばた）

晩秋は草木の挽歌である。春に芽ばえた草木も、凋落（ちょうらく）を迎えようとしている。真の黄葉と副の垂れ葉が、何よりもそれを物語っている。はかなくも美しい季節である。

うつろい（向掛け）

花材 | 燕子花（かきつばた）

手付掛け籠の向掛けの花である。数少なく楚々とした感が強い。花首の曲がりと花の色がなぜか薄紫であり、紫紺に比べ薄紫はどこかはかなくせつない思いが漂う。体は手の内におさめ真と副を外に振り出し、さりげなさが小間（こま）の雰囲気にとけ込む。

霜枯れ（生花別伝・副はずし）

花材　燕子花(かきつばた)

生花別伝のうち、副はずしの花である。花の付き葉を陽方にきかせて副座
としたもので、真と体先に枯れ葉を用い、晩秋の色濃い作品である。

旅寝（生花別伝・下段流枝）

花材｜燕子花（かきつばた）

生花別伝のうち、下段流枝（げだんながし）の花である。副は真に添って立ち上がり、下段流枝をよりいっそう印象づける役割を果たしている。

花影

花材 ｜ 燕子花（かきつばた）

晩秋になると、一般的に花は葉より低くなる。葉のぬくもりに花を咲かせ
るのである。自然とはなんとうまくできているのだろうと感心させられ
る。古来、わが国の人々はこうした自然を手本とし、自然の懐に抱かれつ
つ生活をしてきたのである。

草紅葉 （生花別伝・左体）

花材 燕子花（かきつばた）

生花別伝のうち、左体（ひだりたい）の花である。晩秋ともなると黄色の枯れ葉が目立ってくる。季の移りを感じさせると共に、変化に富んだ花形を枯れ葉は作りやすい。青葉では作りにくい形を形成することができるからである。

望郷 （生花別伝・中段流枝）

花材 ｜ 燕子花（かきつばた）

生花別伝のうち、中段流枝（ちゅうだんながし）の花である。真の前あしらいを大きく前角に流したもので、副は小さく引きしめ、座として働かせた。真のたわみと中段の流枝を呼応させ、深みゆく秋を詩（うた）い上げた。

旅路

花材 ｜ 燕子花^{かきつばた}

晩秋ともなると、花数もめっきり減り、花も葉のぬくもりのなかに咲く。
長い旅路を過ごしてきたのだろう。またその間には、風雪にさらされ虫に
喰われ、それでもなお、己の生をまっとうしようとする生命の営みをけな
げにも思うのである。真の虫食い葉のひずみ、副の垂れ葉、呼応する体の
動きに、生命の証しを見ることができる。

唯一無二

花材 ┃ 燕子花
（かきつばた）

秋の燕子花は、花にも葉にも屈曲が強くなる。その屈曲は秋の深まりと共にさらに強くなる。草木は自然の変化に敏感である。真の先端の縮みや花の表情に、はかないものがもつ美しさがある。それは瞬時に見せる永遠の美である。

無常

花材 ｜ 燕子花（かきつばた）

昨日咲いていた花が、今日は萎（しぼ）んでしまっている。蕾（莟）が花開き、開花が萎むのも生きているから。四季の変化に恵まれたわが国の人々は、栄枯盛衰を常に目の当たりにする機会も多い。無常と背中合わせに暮らし、生命のはかなさを十分知り尽くしている。だからこそ生命は尊い。

雅 （生花別伝・副はずし）

花材 ｜ 燕子花（かきつばた）

生花別伝のうち、副はずしの花である。副はずし、体はずしは茶席の侘び
た席が似つかわしい。副はずしは真の腰の深いとき、切り残しの切り株な
どを利用することが多い。

名残り花（生花別伝・中段流枝）

生花別伝のうち、中段流枝（ちゅうだんながし）の花である。中段流枝にはあしらいを流す場合
と、役枝自体を流す場合の二つがある。この作品は副自体を流したもの
で、枯れ葉ならではの姿である。

<ruby>運命<rt>さだめ</rt></ruby>

花材 ｜ <ruby>燕子花<rt>かきつばた</rt></ruby>

「万物は全てうつろい変わる。人々よ己の生を全うせよ」とは<ruby>仏陀<rt>ぶっだ</rt></ruby>の言葉である。<ruby>運命<rt>さだめ</rt></ruby>に生き、運命に果てるは草木も同じである。大きく垂れた後ろあしらいや副の葉先には、<ruby>凋落<rt>ちょうらく</rt></ruby>の兆しが色濃くにじんでいる。

時雨（魚道生け）

<small>しぐれ</small>

花材｜燕子花　葦

　葦と燕子花の魚道生けである。色づき始めた葦に、降りそそぐ雨に煙る湖畔が目に浮かぶようである。葦の穂先のなびきがそうさせるのか、深みゆく秋がしみじみと感じられ、情感もひとしおである。

風の一瞬 （生花別伝・左体）

花材 ｜ 燕子花（かきつばた）

生花別伝のうち、左体（ひだりたい）の花である。風の一瞬をとらえたものである。美しいと感じる場合にそれが長く継続されることもあろうが、むしろ瞬間的なほうが多いように思われる。切るという残酷な行為をしてまでなぜ花をいけるか、それは刻々と移りゆく生命を最高に昇華させ、永遠の美を願うからにほかならない。

第 四 部　冬

冬

　草花は冬枯れに至って完全に土に還る。こうしたなかにも、冬の寒さに目覚めるものもある。椿や水仙花がそれである。なにか不思議な気もする。完全に土に還ったかと見える草木も次なる世代の種を宿し、枯れ果てたかに見える葉株の間にも、ときおり花を咲かせる燕子花もある。咲いては枯れ、枯れては咲く盛衰のなかに生命（いのち）の旋律があり、草木の生命の真実が尽くされる。

　冬のいけばなは、未来を信じて耐えて春待つ心が大切である。それはまた人生にとっても同様であり、試練の時である。草木の巡る生々流転の相は、そのまま我々の暮らしに直結する。冬の花は、寒風に負けない強靱（きょうじん）な意志と、明日を信じて耐えることの尊さを示している。

冬日 （生花別伝・上段流枝）

花材 ｜ 燕子花（かきつばた）

生花別伝のうち、上段流枝（じょうだんながし）の花である。上段の真の後ろあしらいを大きく振り出して、流枝としたものである。上段流枝には二つのパターンがあり、真自体を流枝とする場合と、この作品のようにあしらいを流す場合とである。初冬には、花数はめっきり少なくなり、枯れ葉はさらに進むことになる。人の心は知らず知らず感傷にとらわれるが、枯れてもなお立ち伸びようとする生命（いのち）の強さを感じるのである。

冬枯れ

冬枯れの燕子花は、変化に富んだ姿を描き出す。枯れ葉ならではの動きである。葉の動きと、葉と葉、葉と花の間（ま）のとり方で、必死に生きる生命の緊迫感が表現される。間の美は日本芸道の特色であり、実空間より虚空間に重きが置かれる。無の芸術といわれるゆえんでもある。

寒気に耐える

花材 燕子花^{かきつばた}

花材　燕子花（かきつばた）

冬の花である。冬はきわめて花は少ない。真副体、それぞれに枯れ葉が配されて、寒さに縮れた姿に冬の寒気が忍ばれる。真の葉先や枯れて朽ちようとする葉にもなお光に向かう姿勢の見えるのは、驚きにも似た感動である。

風舞（生花別伝・体はずし）　　　　　花材｜燕子花

　生花別伝のうち、体はずしの花である。風の一瞬に思わぬ姿を提するもの
である。風の響きが聞こえてくるような気がする。水際に小さく体座を置
くことによって、水際がきりっと締まり、厳しい季感とあいまって情趣が
深い。

薄紫に匂う

花材 ┃ <ruby>燕子花<rt>かきつばた</rt></ruby>

初冬の花で、真と副は枯れ葉が用いられている。寒さに耐え、わずかな冬のこぼれ日を身に受け、懸命に花を咲かせる姿は感動を与える。心なしか花の色は薄く、移りやすい紫の色だけに、いっそうはかなきものを感じさせる。

薄日 （生花別伝・上段流枝）

生花別伝のうち、上段流枝（じょうだんながし）の花である。上段流枝には役枝としての真自体が流れる場合と、真のあしらいが流れる場合とがある。この作品はあしらいが流れたもので、枯れ葉ならではの動きである。流枝であるからといって無理に形作ってはならない。あくまでも自然の動きでありたい。

危険に遊ぶ

花材 ｜ 燕子花(かきつばた)

紫の色はうつろいやすくはかない色である。二番咲きであろうか、開花の紫は薄紫でいっそうはかなさを感じさせる。冬枯れのなか、それでも確かな生命(いのち)の営みが見える。真は陰方に中心をずらし、副は定位置から前に振り出された変化形である。

自性

花材 燕子花（かきつばた）

草木はその色や姿勢を通して、背後にあったさまざまな事柄を語りかけている。頭（こうべ）を垂れた真の姿は寒さゆえであろうか、体に咲く花へのささやきであろうか。副の枯れ葉は自然の姿である。枯れてもなお伸びようとする自性の強さが感じられる。

野ざらし（生花別伝・上段流枝）

花材 ｜ 燕子花（かきつばた）

生花別伝のうち、上段流枝（じょうだんながし）の花である。冬枯れも進み、残る緑は少ない。そのなかにも花を咲かせる草木の生命（いのち）の強さを感じとることができる。真の縮みのある葉には、生命の根跡をありありと感じとることができる。草木の外形から内なる生命をどう具現化するのかは、いける人の眼である。

寒気 （手付籠）　　　　　　　　　　　　　　　　　　花材 ｜ 燕子花 （かきつばた）

　　　手付籠花入れに冬の珍花をいけたものである。冬の寒気に伸びることへの
　　　ためらいを感じてか、真副の長い葉は微妙な曲線を描く。

冬枯れのなかに

花材｜燕子花花材｜燕子花

冬の珍花である。冬枯れのなか、わずかに残る枯れ葉のなかに水際近くに
花を咲かせるのがこの季の花の特色である。葉の枚数も七枚ときわめて少
ないが、わずかな葉のたわみに冬枯れの情趣をとらえなくてはならない。

氷雨

花材 ｜ 燕子花（かきつばた）

冬の珍花（ちんか）である。この季節になると葉も花もめっきり少なくなり、わずかな葉の間に花をつける。ふつう生花（しょうか）では一本遣いは避けなくてはならないが、この季節は一本遣いが許されることになっている。まっすぐに伸びた真の葉には、寒さに負けぬ意志の強さが感じられる。いけばなは己が心の花への仮託である。

道統四十世専定とその周辺

いけばなの始まりは、室町時代からである。当時、花に対しては「立てる」という用語が一般に用いられていたと思われるが、『仙伝抄』内の「奥輝之別紙」に、

> なげ入といふは、船などにいけたる花の事なり。
> 花をいるゝといふは、さいろふのやうなるものに花をいけたるをいふ。野山に有躰にいるゝなり。

の条文があるように「立てる」とは別に「なげ入れる・いるる」の流れがあったものと思われる。

「立てる」花はやがて、霽れの花、正式の花、儀式の花、表の花である立て花へと発展し、池坊専応によるいけばな理念の確立の後、専栄、初代専好、二代専好を経て、立花様式の大成を迎える。この立花は、武士や貴族の間に広がり、とりわけ後水尾天皇の愛好により、宮廷文化圏にブームを巻き起こした。

一方、「なげ入れる・いるる」花は、藪の花、略式の花、日常の花、裏の花として、生活のあらゆる場所（長押の掛け花、軒の釣り花、机上の花など）の楽しみの花として、生活に密着しながら粛々と存在し続けたのである。

戦乱の世において、吉田兼好は次のような思いを記している。

> 花は盛りに、月は隈なきをのみ、見るものかは。雨に対ひて月を恋ひ、垂れこめて春の行衛知らぬも、なほ、あはれに情深し……
>
> （『徒然草』）

この一文は、欠けたものにも十全なる価値があり、不足を不足としない美意識を示している。これは、兼好と同じく二条派の和歌四

天王と称される、頓阿・浄弁・慶運や、正徹・心敬らにも通じる感覚であり、やがてこうした考え方は、侘び茶の祖である村田珠光へと引き継がれていく。よって、抛入・生花もまた茶方の茶花として発展していくのであるが、花方との交流を繰り返す中で、互いに影響を及ぼしあっていくこととなる。

室町時代末に記された『池坊専応口伝』には

> 野山水辺をのづからなる姿を居上にあらはし……

と、自然出生への眼の大切さが述べられているが、この心を帯して専栄は、『池坊専応口伝』の内容に「生花の事」を付け加えている。

> 生花の事　さたまりたる枝葉もなし先さしあひを嫌ふなり　出生の姿肝要也　生物の口のとをりより枝葉のさかりたるも一色をいく所に置たるも不苦　草木のへたてもなくいく本にも生るなり

ここに、「出生の姿肝要也」と同時に「草木のへたてもなく」と述べており、差別を排除した、平等な世界の表現にも目を向けていることがわかる。

立花様式を大成した二代専好の教えを記した『臥雲華書』では、全七巻の内の一巻（五の巻）が「生華の事」に当てられている。そこには

> 生華の心持ち秘伝は、物すくなに潔く、手軽なる躰を専要なり

と記されている。また『臥雲華書』には、随所に立花と生花を併記して述べている部分があり、例えば、

> 立華、生花ともに、かねて巧み置き候分にて、その草木に向ひて、それぞれの位

をわきまへず、我情にのみ合はせて立て候はば、皆、自然の理にたがひ、誠の面影はあるまじきなり。ただその時にのぞみて、それぞれの草木の性を勘へ、あるいは枝振り、葉の付け様に、心を付けて、それによりて、さのみためかがむる事もなく、その草木の枝葉つり合ひを見て、その草木に随う心にて、我私（ガシ）なきやうにと心得べき事肝要なり。

と述べられている。これら専栄や二代専好の記述からわかるよう、池坊の歴代家元は、表の花である立花のみに目を向けるのではなく、常に裏である花にも目を向けていたのである。

戦国時代を経た江戸時代前期の寛永年間は、宮中をはじめ貴族や武家を中心に立花が興隆するのだが、江戸時代も中期の元禄時代に入ると、経済力のある庶民が台頭し、いけばなもその層に広がっていく。ここで好まれたのは手軽な裏の花であるところの抛入・生花で、三十四世専養はこうした流れを汲み取ってか、弟子の手による『古代生花図巻（生花聞書図)』の校閲を行い、また門弟の十一屋太右衛門は『抛入花伝書』を刊行した。つまり、抛入・生花の道へも歩みを進めていったのである。

この、抛入・生花が庶民へと広がっていった時代、振興の流派が雨後の筍のごとく出現し、それぞれに正統性を掲げ、古さを競い、主義主張を繰り広げていた。その中にあって、池坊は立花を伝える家としての立場を取り、当時の三十六世専純は、生花を「もと立花を略したる物」（『抛入花伝書』）としながら生花を認め、「とかく花の根源ハ生花を本とす」（『目録指南鈔』）と述べた。立花は仏前供花を出発点に、立て花を経て発展してきたという流れの中でその中心に池坊がいたが、抛入・

生花にいたっては流派の乱立によりその大元がよくわからない。しかし当時、まぎれもなく流行していたのは抛入・生花であり、池坊はその事実を受け入れ、抛入・生花を認める度量の大きさを見せたのである。

専純は、自らも艱難辛苦（かんなんしんく）の末、手軽で物数少なく味わい深い生花の開発に力を注ぎ、生花発展の礎を築いていった。現在の生花の水際は、専純の作風によるところが大きく、その陰陽二躰は、専純生花四十三図に見られるように「物すくなに潔く、手軽なる躰」（『臥雲華書』）で、簡潔にして心深いものであった。これは、専定生花の魁ともなる姿で、専定の『挿花百規』の中に、専純の作品が数点掲載されていることをみても、間違いないことであろう。専純は、諸流派の台頭やそれによる新古論争などの外患に苛（さいな）まれながら、世相にふさわしい生花の確立に力を注いだ。

立花に加え、池坊の生花普及への努力は次代の三十七世専意にも継がれるはずだった。しかし、その専意が三十歳の若さで死去。専純は再び三十八世として住職と家元を務めることとなった。

専純死後、跡を継いだのは三十九世専弘であった。専弘がまだ若かったため、母方筋の甥にあたる永田彦四郎が専弘を支えた。二人は力を合わせ、江戸に下向し、将軍への継目御礼を済ませた。また、専純の七回忌追善立花会、専意の十七回忌追善立花会を行うなど活発に活動したが、なおも池坊を悲劇が襲う。専意よりも若くして専弘が二十六歳で亡くなってしまったのである。家元四十世には専定が就いた。

専定は、専純の実子である京都祇園東梅坊順昌の三男として生まれ、専弘の死去に伴い急遽出家し、池坊を継ぐこととなった。専定十八歳の時であった。

専定は明和6年（1769）に生まれ、天明6年（1786）に家元継承。文化12年（1815）に隠退し、天保3年（1832）六十四歳で死去した。専定の功績は大きく、弟専明へと住職と家元を継いだ後も、専明を助け、積極的に活動した。

近年続いた池坊の災難は、専定にも降りかかった。専定が家元を継いで間もない天明8年（1788）、大火により六角堂が消失してしまったのである。専定は本尊を背負い、実家のある祇園東梅坊に避難したという。しかし翌年には、この困難に立ち向かう姿勢を門人に示している。まずは専純十七回忌追善として立花会、そして生花会を行うことを表明し、全国の門弟の上京を求めたのである。この立花会・生花会は、相次いで池坊住職が早世したことによる門弟の不安を振り払うものであった。「五穀豊熟祈祷并近年横死追福之法会」を兼ねた立花会は二十一日間開催され、計二百十あまりの立花・砂物が立てられたという。

なお専定はこのとき、六角堂は仮堂であったものの、まず立花稽古所を境内に建て、いつでも門弟が来て安心して稽古ができるようにしている。また、本尊如意輪観音像の開帳・出開帳を数度行い、太子信仰の場としての諸人の心をも取り戻すべく動いている。このような努力が実を結び、文化8年（1811）、本堂の再建がかなっている。

いけばな技法の開発、理論の充実面においても特筆すべきことがある。

専定は、それまで「うぶ挿し」が基本であった立花に「幹作り」の技法を持ち込んだ。また、七つであった役枝に胴と扣（控枝）を加えて「九つ道具」とし、細心緻密な立花を可能としている。

生花での業績も著しいものがある。

立花を大成した二代専好と並び称され、生花の名人といわれた専定は、花論や伝書の整備、生花基本・規矩の制定を行った。当時流行の生花において、諸流派の動きに対応して池坊の独自性を出し、花形整備（専純の「陰陽二躰」を更に発展させ、「一瓶の姿に真、副、体」をかたどる天地人の三儀を基本とする）、伝書確立（『定式巻』『廻生巻』『松竹梅伝書』『生花七種』など）により品格ある姿を世に示したのである。専定は、

> 花に陰陽表裏兼る心得有るべき事　天地人　真添根〆　氵の心

> （個人蔵資料：池坊総務所に同種の資料有）

という記述を残しており、ここからも、陰陽二躰を根底に天地人の三格三才を生花の基本と定めたことが分かる。なお、「氵の心」の記述が興味深い。「氵（さんずい）」は水を示すことから、これを「水の心」と読むことができる。生花をして「水の心」という境地はどういうものであろうか。ここに『池坊由来記』を手がかりに、専定の気質を探ってみたい。

『池坊由来記』には専定を

> 専定師は資質豪放不羈、頗（すこぶる）気骨に富みて一面また細心緻密なる頭脳の所有者であった。且趣味廣く学深く物として通ぜざるは無かった。

と記している。大胆にして繊細、この相反する二面を持つことは、芸に携わる者としては最も大切なことである。「動いて静」「有って無く、無くて有る」「美しく汚れる」等々、芸の究極の世界である。「水の心」についていえば、水はいかなる場所においても常に水平を保つ。水平は垂直を定める基準であり、世を律する規定となる。水に真を立てるわれわれにとって、これほど重要なことは無い。一方で、水は「方円の器に従う」ともいわれ、いかなる器にも柔軟に従い、形を変える。規

定でありながら自由自在である、という相反する性格は専定の気質と通じるものなのである。

文政3年（1820）、専定は『挿花百規』を刊行。その序文には次のような趣旨が示されている。

「規矩がなければ、巧者であってもその技術を生かすことはできない。このごろの挿花を楽しむ人々は、往々にして規矩をおろそかにし、いたずらに技巧に走っている。私はこれを憂い、百の規範となる挿花を撰んで図とし、池坊に伝わる規矩を世の中に示したい」。

書名のごとく、百の作品は必然的にそれぞれの「規」があり、各々が異なる姿勢を見せている。専定は生花の格を定めて規矩を示したが、それが百様もあるということは如何なることか。それは、花の真の境地は、規矩を超えたところにあるということではないだろうか。先ほど「水の心」に触れた。水は水平をもって全ての基準でありながら、器によって形を変える。規矩もまた、それぞれの草木によって変化する。すなわち、草木には個性があり、出生に沿った規矩は、草木の数だけあるということである。

池坊は頂法寺六角堂の僧であることは知れたことである。かつて釈尊は、弟子一人一人に違う説法を行った。目指すのは悟りであり、そこに至るための実践として釈尊は八種の正しい行い（八正道）を説いたが、この規範こそ、人それぞれに「正しさ」が異なる。そこで釈尊は、各々の「正しさ」を示したのであるが、この仏教者としての眼差しが、専定をして「水の心」と言わしめ、今日の生花の礎となっているのではないだろうか。

朝、勤行を終え、花の本家として毎日花と向き合い、「花が己か、己が花か」「花即我、我即花」という対象との一体化を繰り返す。

過ぎ行く時の中、静寂を破る花鋏が放つ音の響きは、専定に何を気付かせたのか。その答えが『挿花百規』にある。

専定隠退後、後を継いだのは弟の専明であった。弟とはいえ親子ほども年が離れており、専明が二十三歳で家元を継いだとき、専定は四十七歳だったという。専明は寛政5年（1793）生まれで、文化4年（1807）に池坊に養子として入り、翌年の文化5年（1808）には得度を済ませている。なお同年に刊行された『後百花式』に、専明の作品が二図収録されていることから、かなり早いころから専定が手元に置いていけばなの指導をしていたのではないかと想像できる。従って、専定の努力をよく知る立場であったのだろう。専明もまたよく花の修行に励んだ。専定は文化12年（1815）に病気を理由に隠退しているが、若い専明に次代を託す決心ができたのも、専明の力量が十分であったからだと思われる。

このときの家元交代にあたっては、六角堂再建を終え、専定自身の隠退興行に二千四百瓶を集めるほどの力を蓄えた上での引き継ぎであった。かつての苦労を専明にはさせたくないという専定の気遣いが伺われる。

兄専定の生花を引き継いだ専明は、『生花株要記』を著し、これを相伝するようになる。『生花株要記』冒頭は次のように始まる。

　生花濫觴の事
　其始り立花より出て、立花一瓶の大躰は真副流を以て躰とす。生花は此三つをかたどり花形とす。名付て三義（儀）といふ。又、真副躰といふ。

ここでは、専定の教えをさらに深め、生花構成の基本を「三儀」としている。また、「真添根〆」を「真副躰」と改めている。根〆は水際を締める役割からの名称であろうが、こ

れを「躰」とすることで、三儀の持つ意義がより明確になっている。なお、天地人の考えは専明も踏襲しており、『生花株要記』の「行方の事」では

　　三義(儀)の姿、是則真副躰なり。又、天地人と見る。添を天とし躰は地也。真を人とす。

と記している。他流では真にあたる枝を天とし、副にあたる枝を人としていることが多い。これは自然の中の人は、天と地の間に位置するという世界の秩序を捉えた考えからなのだろうか。池坊はこの点、人が中心であるとしており、何とも現実的といえる。では、これは大自然の理を無視した人間中心の考え方なのかといえば、そうではない。天台の修行に止観行がある。止観とは、心を落ち着け、雑念を止め、一つの対象を正しく観察することである。この実践として一瓶の中心である真に正しく向き合うとき、主体となるのは自己であり、人となる。仏前供花を出発点とし、天台の教えを守り伝える六角堂の僧・池坊としては、ごく当たり前の道理であろう。『生花株要記』の相伝は天保3年（1832）ごろより行われたが、くしくもこの年に専定は遷化している。

　この『生花株要記』は、後の生花正風体の骨子となる。副が「後副」となり、池坊の独自性がさらに打ち出されたのである。

参考文献
『いけばな池坊550年記念誌 花の礎 歴史・支部編』
　　　　　　　　　　　　　　　　　　　　池坊華道会
『立花資料集成・研究注解篇』　　　　　東京美術
『生花資料集成・研究注解篇』　　　　　茶華企画
『挿花百規』いけばな美術名作集 第六巻
　　　　　　　　　　　　　　　　　　　日本華道社
『華道家元四十世 池坊専定燕子花選集』
　　　　　　　　　　　　　　　　　　　日本華道社

専定『燕子花二十三瓶』図について

○文化6年（1809）4月朔日、専定がいけた燕子花の花姿五十瓶のうち、専明が天保13年（1842）8月に二十三瓶を撰して描き写したもの。
翌、天保14年（1843）8月には改めて専明が三十瓶を撰び直しており、後にこれが『家元四十世専定燕子花三十瓶之図』として刊行された。
書名は『燕子花二十三瓶』。絵筆の切れ目によって、葉の前後がわかるように描かれているものの、判別が難しい部分もある。その箇所については筆者の解釈を加えており、誤りがあれば後年正されることを願う。
『燕子花二十三瓶』と『家元四十世専定燕子花三十瓶之図』の間には、同一作品と思われるもののわずかに差異を認めるものがある。これは、時代相による変化の部分を反映したためではないかと思われる。誌面に参考絵図として掲載する。

○絵図のうち、表葉を赤色、裏葉をグレーで示した。

○分解図は、左から順に前から後ろへの配列となる。

○『燕子花二十三瓶』は圧倒的に前副が多く、『家元四十世燕子花三十瓶之図』では後副となっているものが多いように思われる。

○体の葉組においては、短葉前組か長葉前組かの判別は『家元四十世燕子花三十瓶之図』の方が分かりやすい。

○現在の葉組が決められたのは、昭和初期と聞きおよんでいる。専定の葉組は、その姿のように千変万化である。

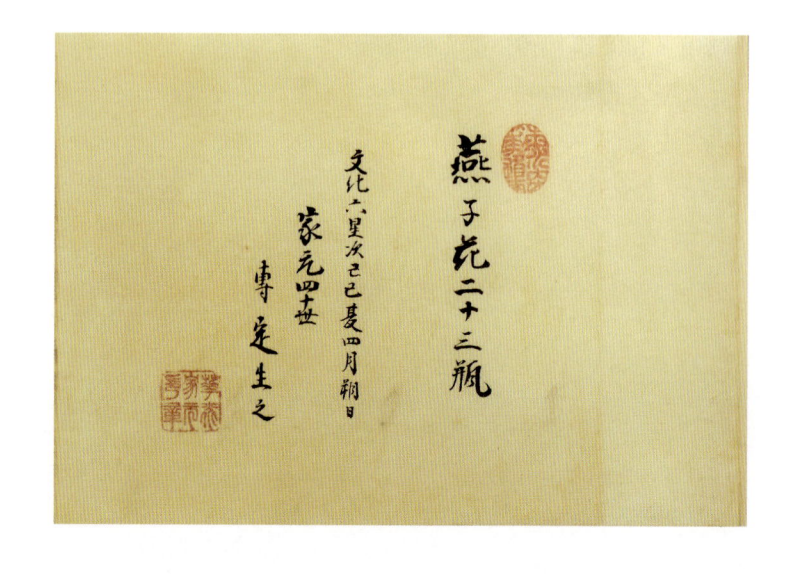
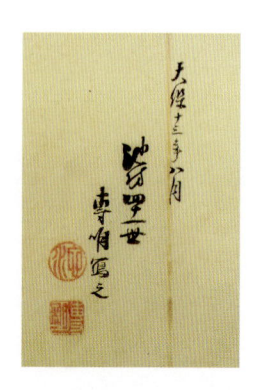

数少ない葉を用いて、いかにも素直にいけられた前副の花です。前角に振り出された副に呼応して、真は表葉で陰陽和合の姿をとり、いくぶん後ろに反りぎみとなり、副とのバランスがとられているものと思われます。陰方中段の一枚のあしらいが奥行きをつけて、前後のバランスを保っています。

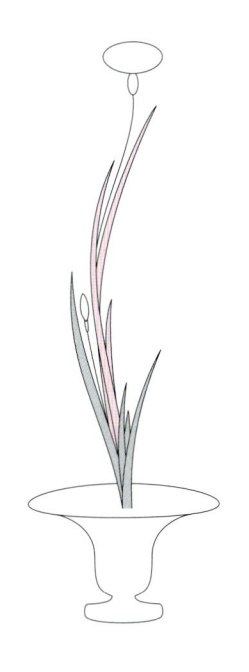

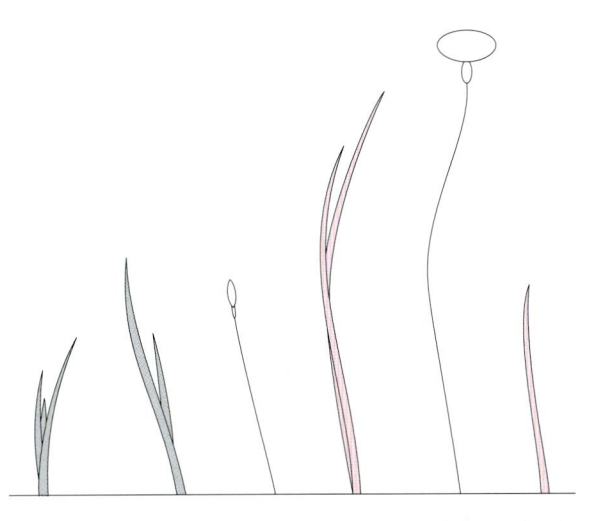

葉8枚　花2本

伸びやかにいけられた真の花で、前副です。
副は真の半分に抑え、真の伸びやかさを強調
しています。真と陰方中段に表葉を用い、前
副と対応させています。

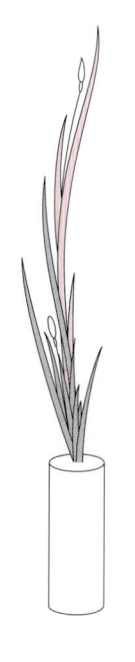

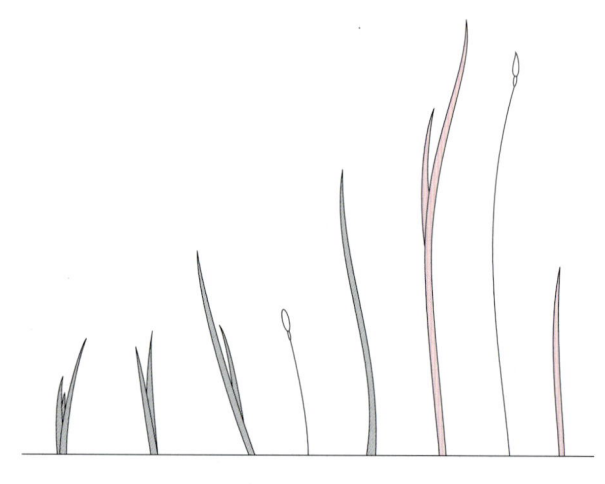

葉11枚　花2本

参考絵図なし

十三夜の花器にわずかに葉数七枚を用いて、おしゃれにまとめた花です。真のたわみに命の弾みと、副のなびきに風の便りが聞かれる、雅味に富んだ作品です。前副で真副和合となっています。

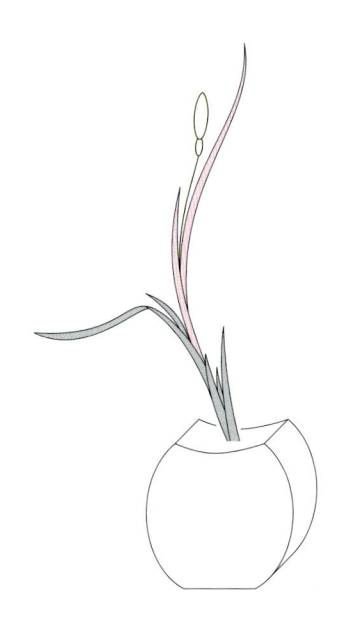

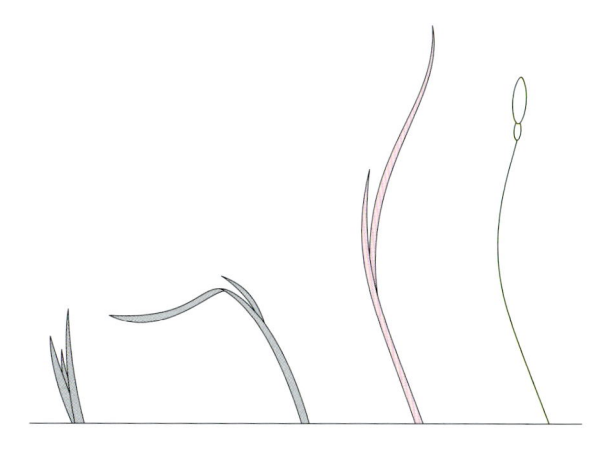

葉7枚　花1本

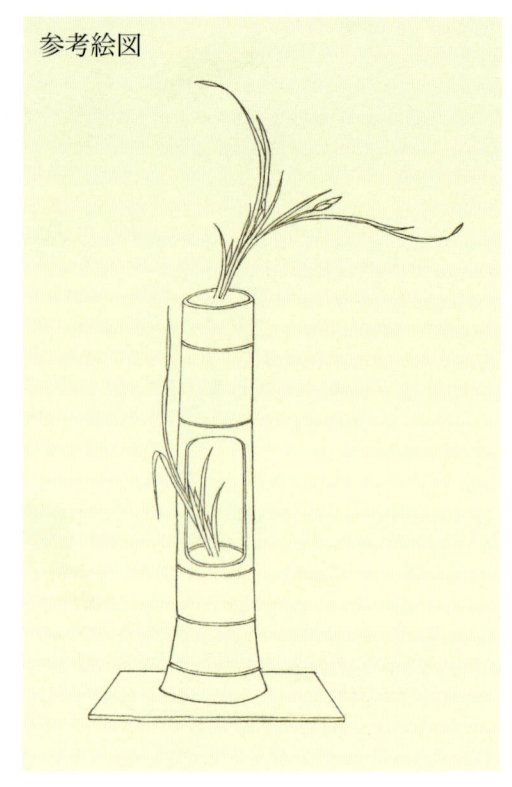

参考絵図

二重切にいけられたもので、現在のいけ方と異なり、下の重の副は前から挿し、前角に振り出されています。上の重の真は前角に振り出され、副は表葉で花の後ろから振り出され、後ろに反りぎみとなり、真と呼応します。真、副の花の前に、裏葉が一枚ずつあしらわれています。上下十五枚で簡潔にまとめています。

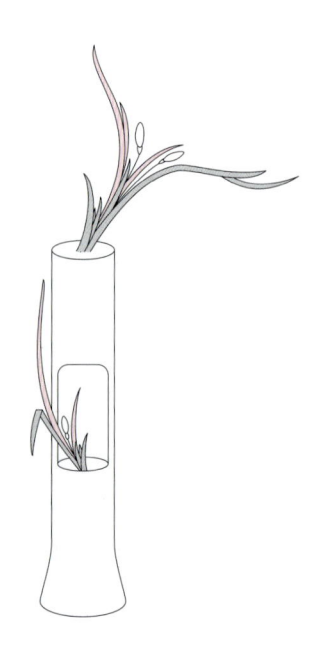

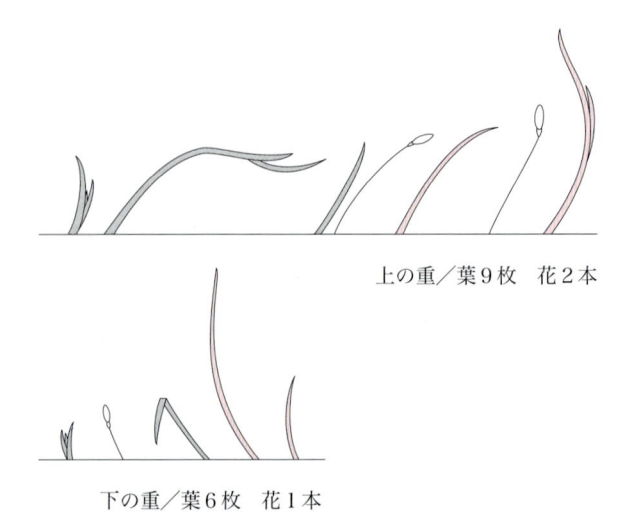

上の重／葉9枚　花2本

下の重／葉6枚　花1本

中段流枝で、前副の作品です。真のたわみに息づく草木の命が感じられると共に、奔流のように流れる流葉は、粋、つや、弾みを感じさせる美しい形姿にまとめ上げられています。体の左葉は前副に続く働きとなっていて、効率のよい扱いとなっています。

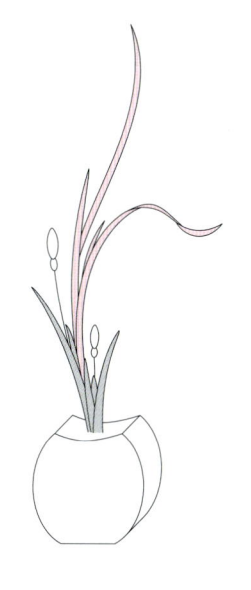

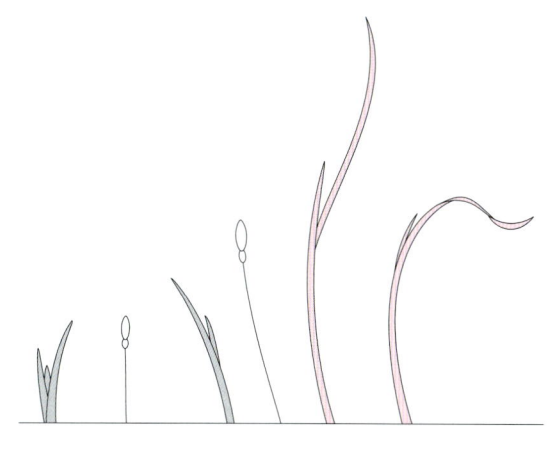

葉9枚　花2本

211

花を中墨に据え、真の葉は大きく陰方に振り出し、柔らかなたわみを見せています。真は前副と呼応して、表葉がやや後ろに反りぎみに挿されているものと思われます。また、副の丈を低くシャープに振り出して、真の伸びやかさを助長すると共に、切れ味のよい作品としています。

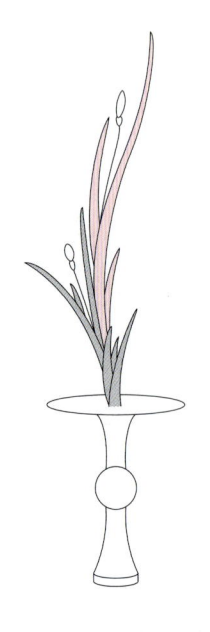

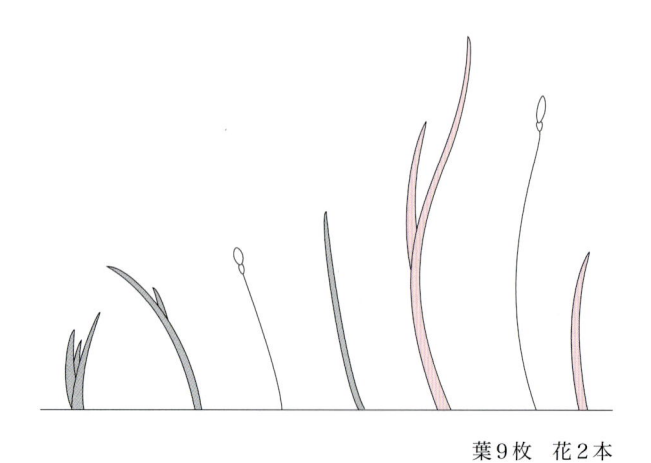

葉9枚　花2本

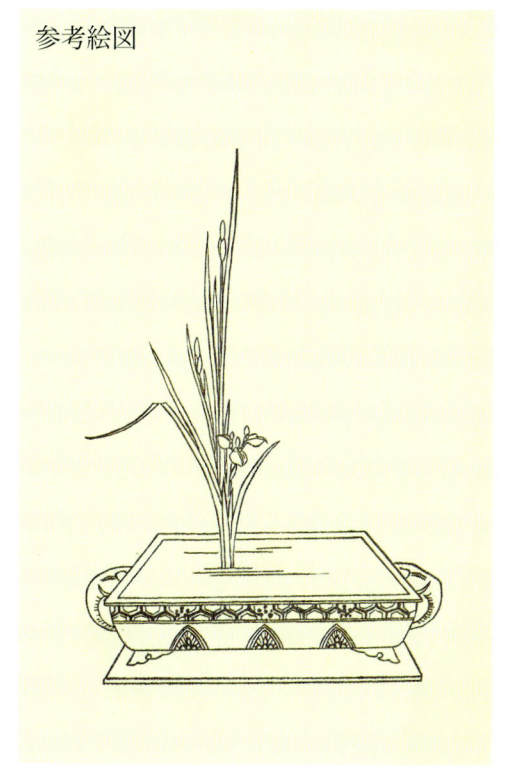

広口水盤（砂鉢）にいけられた草の花で、石穴にいけられたものです。前副で中段流枝となっています。真の付き葉一枚が陽を向いて、前副の流葉と呼応を見せています。花全体を陽方に寄せ、花器の水面を広々と見せる手法をとっています。

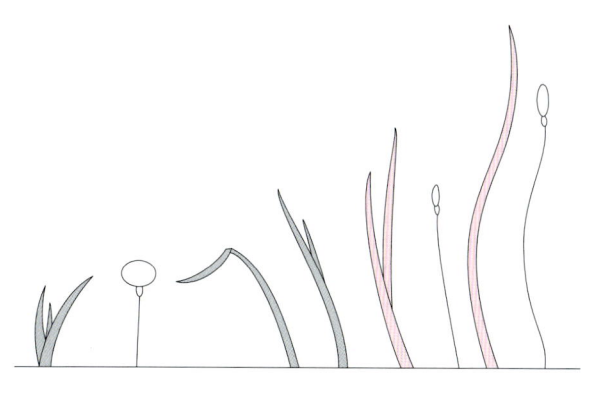

葉9枚　花3本

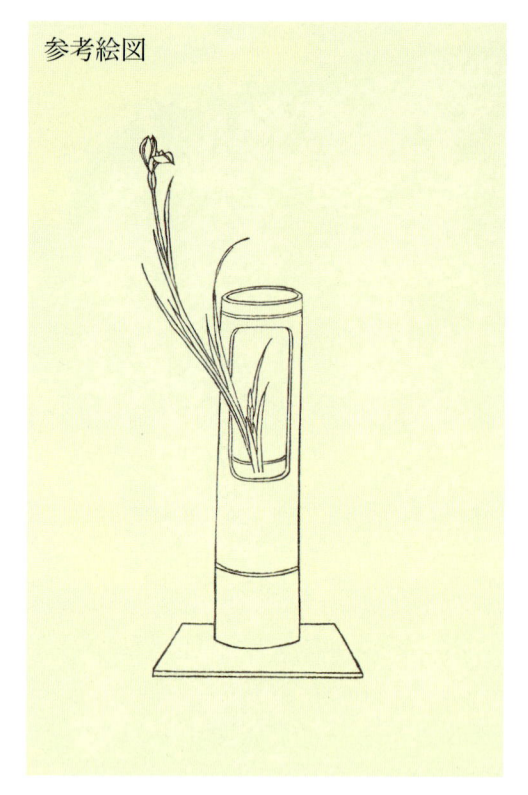

一重切竹筒の花で、現在のいけ方と異なり、初期生花の陰陽二体の手法によっていけられたものと思われます。真は裏葉で、前角に振り出され、陰方中段の後ろあしらいの表葉（副と見る説もある）と呼応しています。数少ない葉数で、瀟洒に燕子花の表情をとらえています。

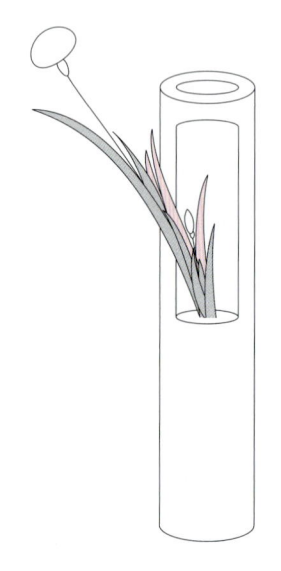

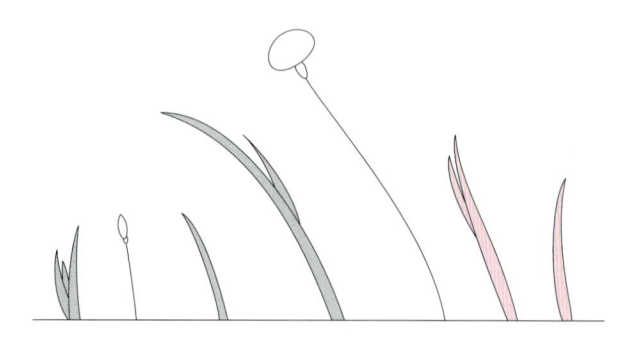

葉9枚　花2本

214

参考絵図

花を中墨に据え、真の葉を陰方に大きく働かせています。腰深く、流麗な弧線を描く真のたわみに対し、前副を低くシャープに振り出した扱いは、いかにも小粋で、涼やかな感じがします。

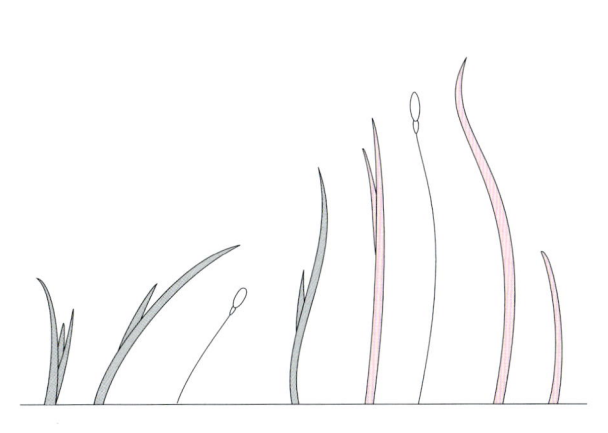

葉11枚　花2本

手付籠花器にいけられたもので、手によって区切られた限定空間にみごとに調和した作品となっています。体より低く垂れる副は前角に振り出され、夏から秋にかけての季感が表されています。真のたわみと体先の弧線に、凜とした弾みと生長への姿勢が感じられます。

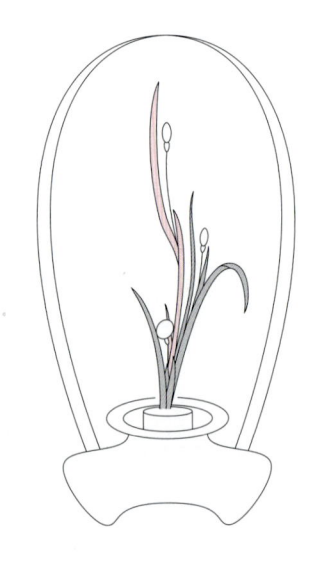

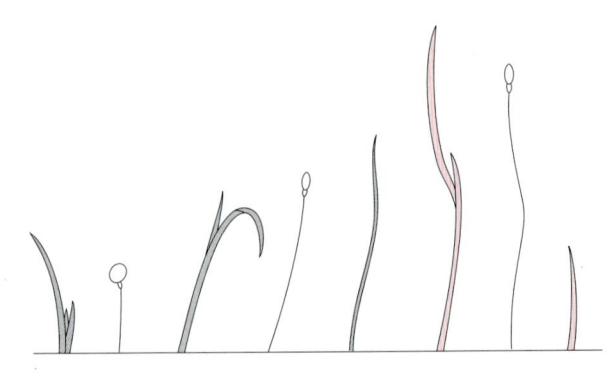

葉9枚　花3本

前副中段流枝の花です。前副の開花が風に揺れているような風情を見せています。その副の花に対応して、真の後ろあしらいを陰方後方に振り出し、バランスが図られています。体は長く振り出さず、中段の流枝を引き立てる扱いとなっています。

葉12枚　花2本

参考絵図なし

広口水盤（砂鉢）にいけられた魚道生で、陽方に花を寄せて水面を広く見せる手法をとっています。この男株、女株の配置によって水辺の情景がかもし出されます。女株を前、男株を後ろに配置し、水際もゆるやかにととのえられているのは、草の花形であると共に、水草の特性と水辺の情景をねらっての挿法かと思われます。

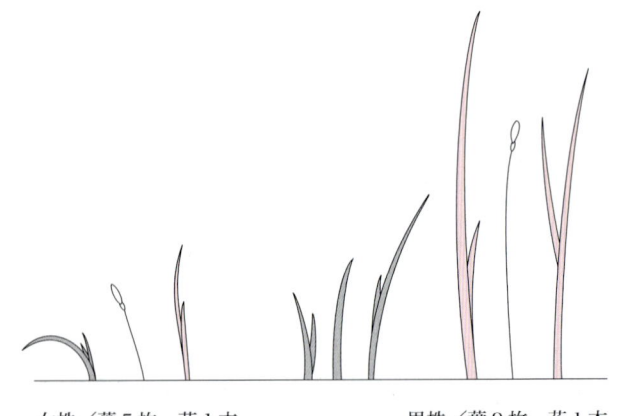

女株／葉5枚　花1本　　　　　男株／葉9枚　花1本

参考絵図なし

初期生花の規矩「陰陽二体」でいけられた花で、普通の置き生と異なり、一重切同様にいけ、真は前角に振り出され、付き手より離れた前で見切っています。この真に対応して陰方中段と下段のあしらいが表葉で前後の調和が図られています。陰方中段のあしらいは副の働きとも思われる役目を担っています。わずか七枚で息づく草木の姿をみごとにとらえています。

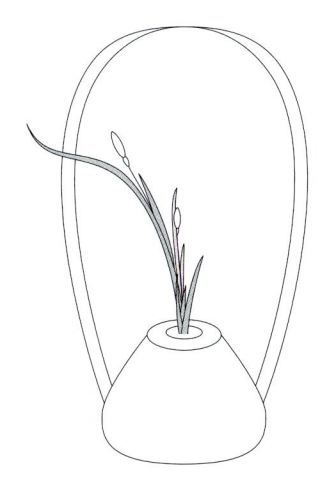
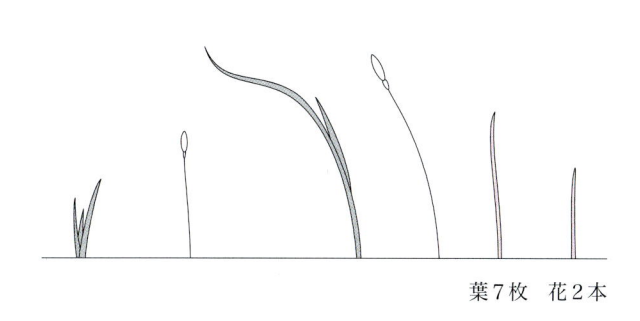

葉7枚　花2本

後副で中段流枝の花。副を奔流のように後ろ角に振り出し、秋風のささやきが聞こえるような作品です。数少ない七枚の葉で伸び立つさわやかな燕子花の姿をみごとに表現しています。

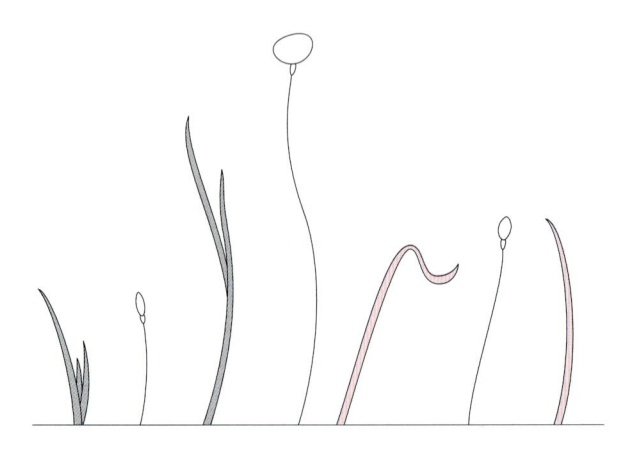

葉7枚　花3本

220

参考絵図なし

葉数七枚で簡略化された花で、素朴で初々しい風情のある花です。前副で、前に振り出された副の裏葉に呼応して、真は表葉で弧線を描いて立ち伸び、花を包み込む感じがいかにも初々しく愛らしい春の花です。
（参考絵図には体に蕾あり）

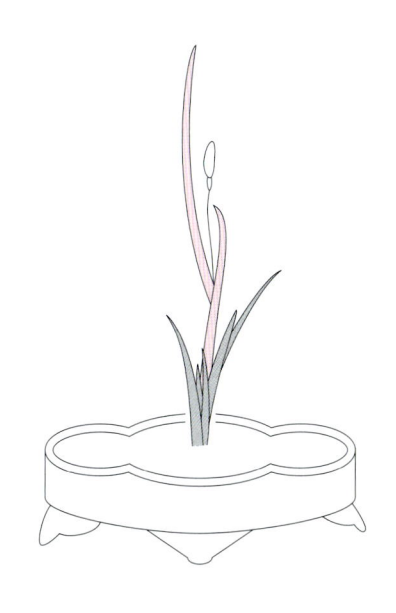

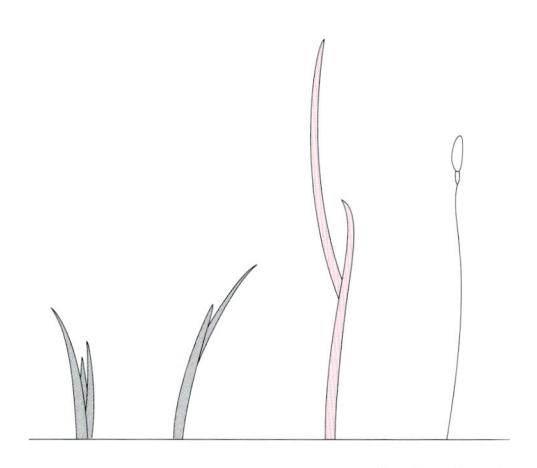

葉7枚　花1本

逆真で前副の花です。真の腰が反対になっていて、後代の左体にあたる花です。絵筆の副の出の描き方からすると、真より前で前角に振り出されているように思われます。したがって裏葉で葉先が日表を向き、真の表葉と和合します。真の腰はかなり後ろに反り、前副と呼応しているものと思われます。

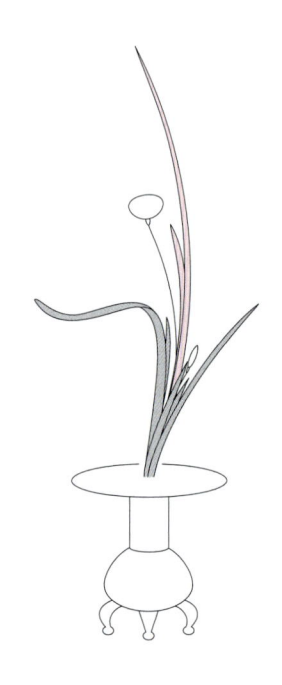

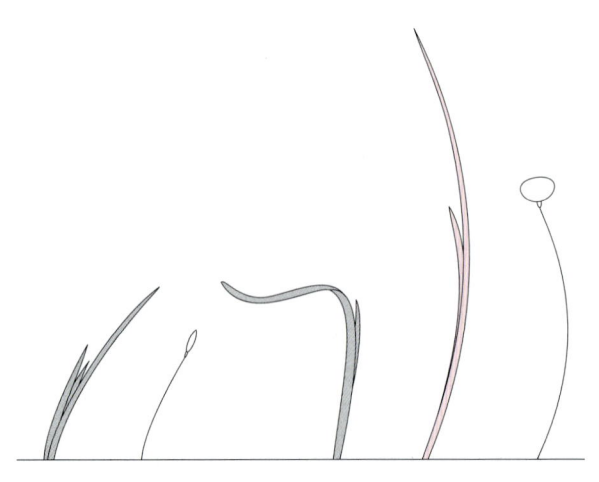

葉7枚　花2本

泊船（平太舟）の花です。花を中墨に据え、真の葉は中墨より陰方に振り出され、前角に振り出された副の裏葉と呼応してゆったりといけられています。花の丈は船の長さに幅を足したくらいを目安とします。花の奥行きは船の幅を出ないようにいけます。

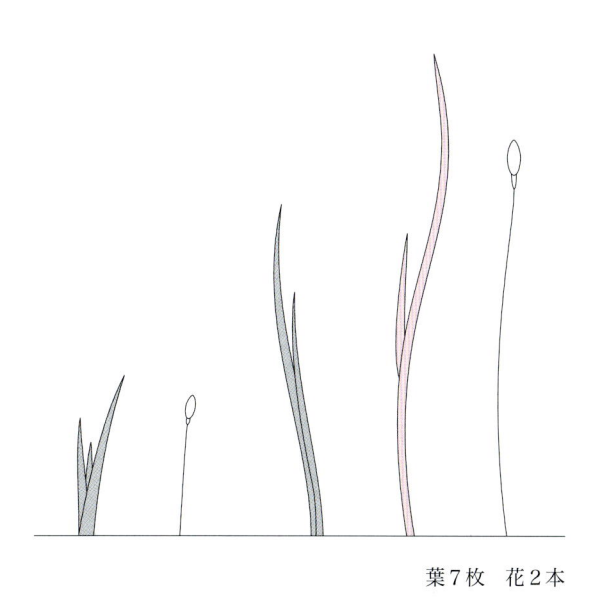

葉7枚　花2本

223

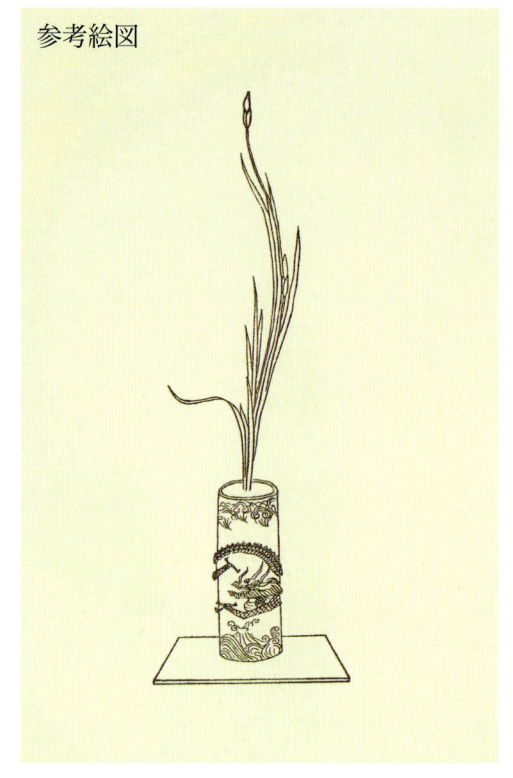

下段流枝の花で、葉数七枚で構成された涼やかな花です。夏の花で体流枝に爽風が感じられ、季感とあいまって好ましい風情となっています。

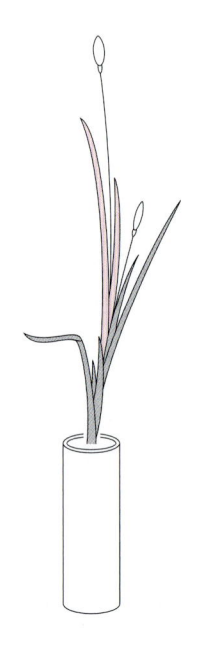

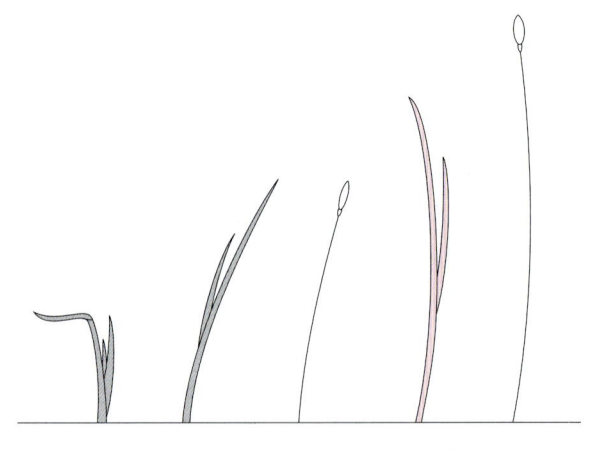

葉7枚　花2本

参考絵図

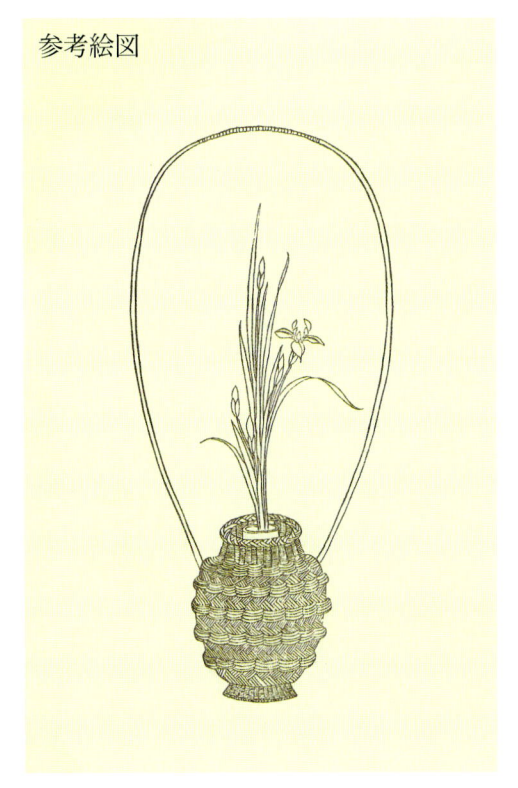

逆真で前副の花です。副の大きく振り出され
たなびき葉は、籠の手の内におさまり、みご
とな調和を見せています。真は表葉でふつう
の曲がりとは逆となり、ゆるやかな弧線を描
き、前副と呼応しています。副の開花を生か
すために、真の曲がりを反対にしたものと思
われます。

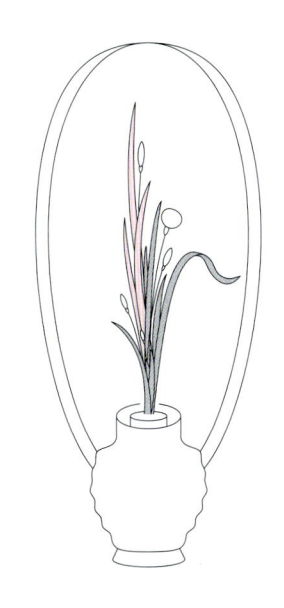

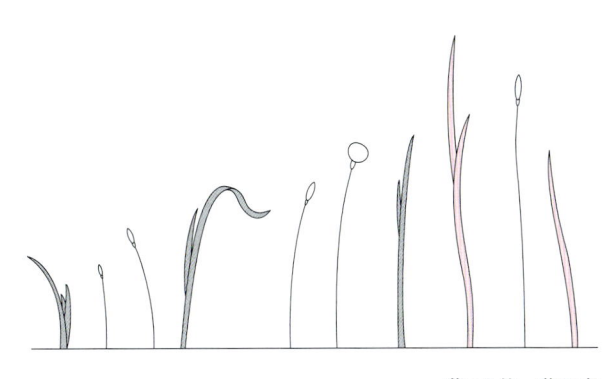

葉10枚　花5本

225

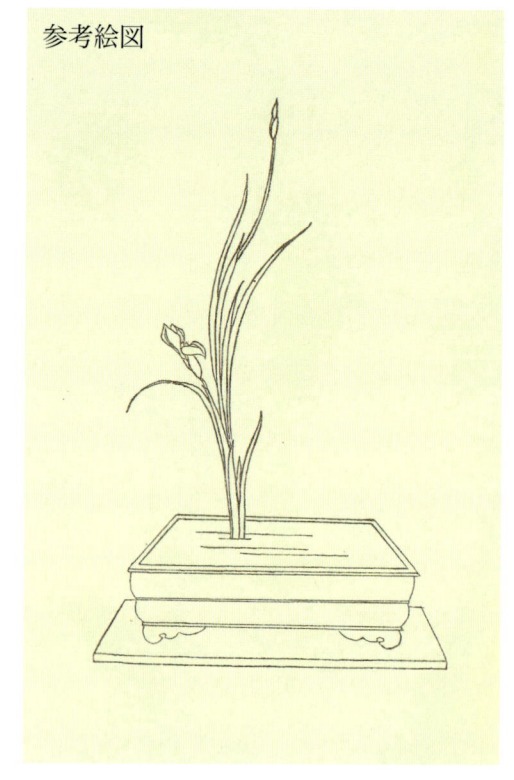

広口水盤（砂鉢）にいけられた夏の花で、前副にいけられています。副は裏葉で、なびき葉となっています。真を大きく陰方に振り出し、副と呼応し、みごとな調和をかもしだしています。

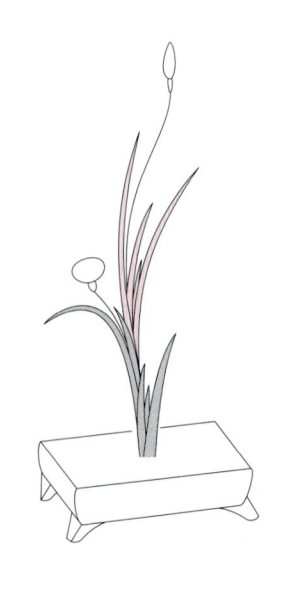

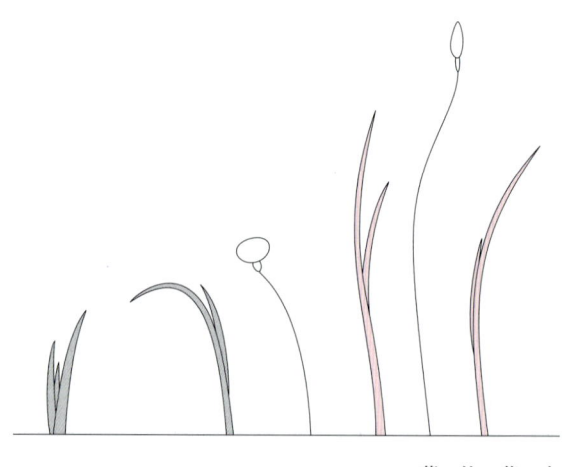

葉9枚　花2本

参考絵図

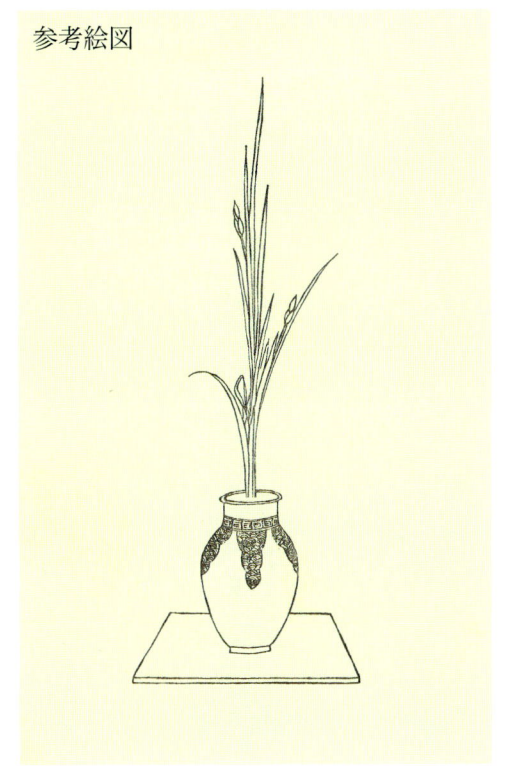

真副体のそれぞれに花を配した前副の花で、葉も直線的に強く扱われ、潑刺とした生長感あふれる作品となっています。副の強く振り出された力を、真の蕾を陰方に傾斜させることでバランスが図られています。また、真の梢はこの蕾への配慮からやや陽方に設定するなど、細やかな心配りがなされています。

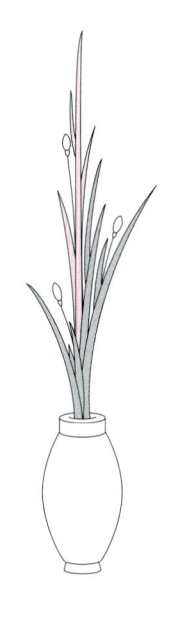

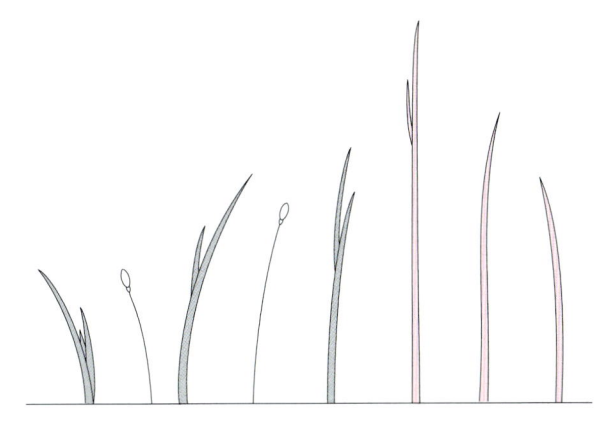

葉11枚　花3本

広口水盤（砂鉢）にいけられた魚道生です。初期生花の構成法の、陰陽二体の手法でいけられています。真の葉は裏葉で前角に振り出され、陰方中段と下段のあしらいが表を見せ、真の裏葉と呼応がなされています。女株は陰方に傾斜し、体先の葉を強く振り出し、男株との調和を図っています。

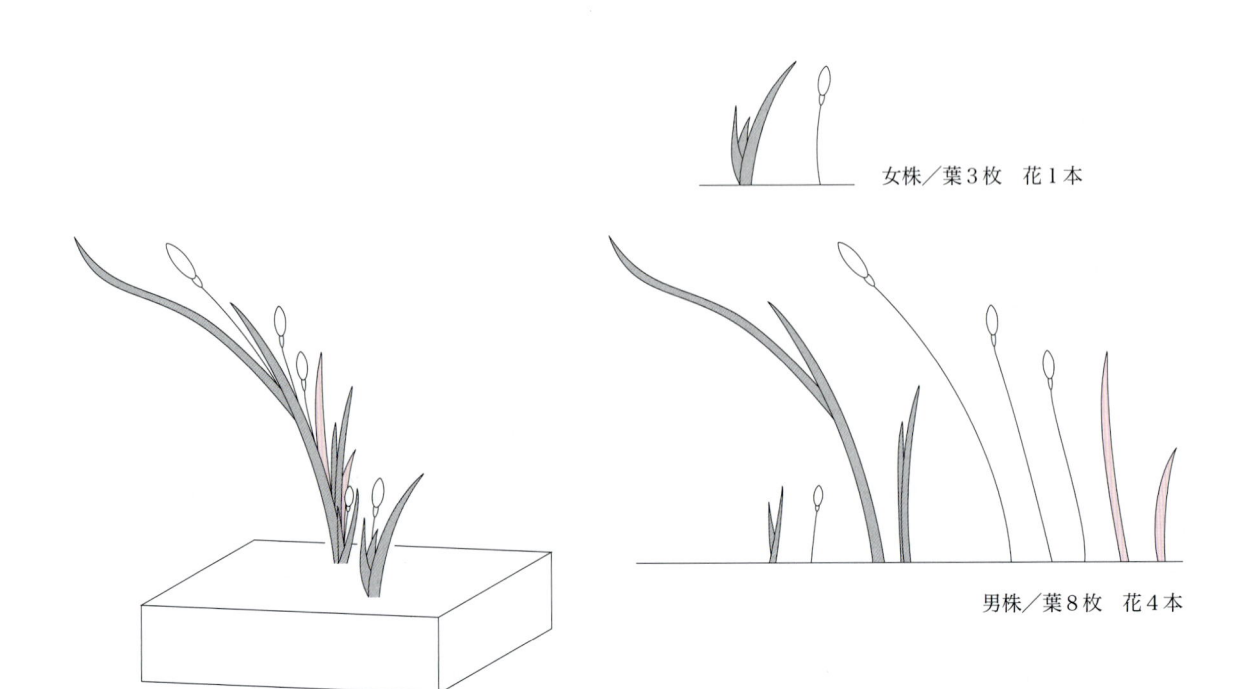

女株／葉3枚　花1本

男株／葉8枚　花4本

初夏盛りで前副の花です。花七本、葉十一枚で、真、副、体のそれぞれにあしらいの花葉を用いて構成されたものです。真の開花と副と体に半開きの花を用い、三儀に強く立ち伸びる葉を用いることによって潑剌とした今盛りの風情をよく表した作品となっています。

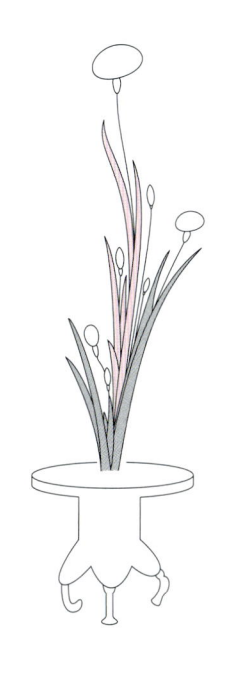

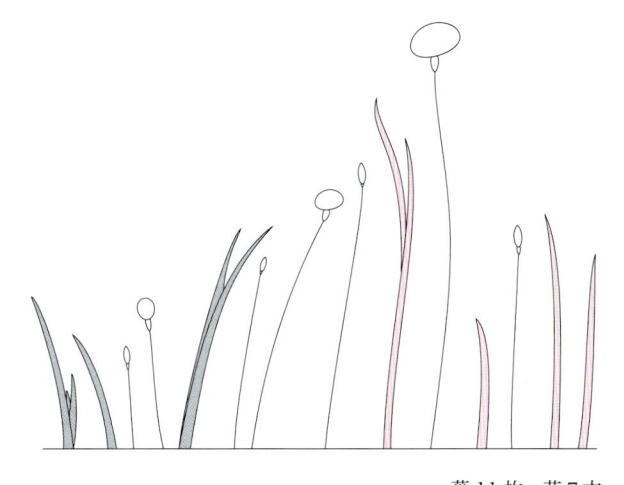

葉11枚　花7本

著者略歴

柴田英雄 （しばた ひでお）

1934年　愛知県蒲郡市に生まれる。

1951年　池坊に入門。

1955年　故亀澤香雨先生に師事。

1966年　池坊華道専門学院卒業。

1971年　中南米にいけばなの普及のため、外務省より派遣される。

1977年　財団法人池坊華道会派遣講師。

　　　　池坊中央研修学院講師。

1978年　生花新風体紹介のため、全米に派遣される。

1983年　財団法人池坊華道会派遣助教授。

　　　　池坊中央研修学院助教授。

1992年　財団法人池坊華道会派遣教授。

　　　　池坊中央研修学院教授。

2004年　財団法人池坊華道会派遣特命教授。

　　　　池坊中央研修学院特命教授。

2009年　池坊教学面で最高位となる橘香章を受章。

あとがき

　このたび、増補改訂版『唐衣』の再版に際し、多くの方にご協力いただきましたこと、心より御礼申し上げます。

　増補部分となる「道統四十世専定とその周辺」の執筆により、池坊専定はもとより、遠くは専応、専栄、専好、近くは当代専永宗匠に及ぶ歴代のお家元の、並々ならぬご労苦を肌に感じることができました。長い道統の中で、ある時は小川のように、ある時は大河のように伸縮を繰り返しながら伝統文化を継承してこられたことの大変さを痛感いたしました。

　今、世界の人々が日本の伝統文化に興味を持ち、それを知りたいという気持ちが高まりつつある中、当の日本人自身が伝統文化への関心を失ってしまっていることは、残念でなりません。現象としての日本文化の喪失は、日本人の物の見方、考え方の喪失ともなります。民族固有の見方、考え方が存在してこそ、国際社会はより豊かであります。国際社会が日本文化に着目する今こそ、池坊いけばなの道統を遵守することが急務なのです。皆さまと共に、池坊いけばなの輪を世界に発信し続けなければならないと思います。

　2019年冬吉日

柴田英雄

増補改訂版

唐衣

池坊生花研究　四季の燕子花

2019 年 2 月27日　　　　第一版第一刷発行

監修 ·············· 池坊専永

著者 ·············· 柴田英雄

発行者 ·············· 池坊雅史

発行所 ·············· 株式会社日本華道社
　　　　　　〒604-8134
　　　　　　京都市中京区烏丸三条下ル 池坊内
　　　　　　TEL.075-223-0613

編集 ·············· 株式会社日本華道社編集部

協力 ·············· 華道家元池坊総務所

撮影 ·············· 木村尚達 他

装幀・本文レイアウト ····· 廣瀬 郁　水橋真奈美
　　　　　　朝日メディアインターナショナル株式会社

印刷・製本 ········· NISSHA株式会社

Ⓒ Hideo Shibata 2019 Printed in japan
ISBN 978-4-89088-141-3